「立方体が描けない子」の学力を伸ばす

宮口幸治

Miyaguchi Koji

PHP新書

はじめに

近年、「非認知能力」という言葉がよく聞かれます。その際に説明される文言は、「認知能力」とは知能検査や学力など点数で測れる能力、「非認知能力」とは協調、自信、意欲、忍耐、自制、共感など点数で測れない心の能力、といったものです。だから子どもには「非認知能力」が大切であるというのです。そこで認知能力≒認知機能と捉え、認知機能ばかりを重視するのはどうかという意見もあるようです。

一方で認知機能は生活する上で欠かせないものです。例えば相手の気持ちを理解する際には、相手の表情を読み取って（視覚認知）、どんな気持ちか想像する（推論）といった認知機能を使っています。「これをやったらどうなるか」を想像するといった力も然《しか》りです。ですので、冒頭の認知能力は認知機能のことを指していないのかもしれません。

では非認知能力とはそもそも何を指すのでしょうか。これは専門家によって定義がまちまちで、実は統一された見解がないのが実情です。例えば、熱いフライパンを触ったときにサッと手を引っ込めますが、こういった反射には認知機能が入る余地はあまりなさそうです。しかし一度フライパンが熱いことを体験すれば、次からはフライパンを見ると（視覚認知）、触るのを止めておこう（判断）と、認知機能を使うことになります。つまり認知機能を使っていない生活はほとんどないはずなのです。また協調性や忍耐力など、わざわざ「非認知能力」という言葉を使わなくても、協調性や忍耐力が大切なのは昔から誰もが知っていることです。

いずれにしても非認知能力があるとしても、その土台は認知機能であるという考え方が最もしっくりきそうです。

また、多様性（ダイバーシティ）という言葉もよく使われています。その意義の重みは疑いの余地がありません。しかしもし認知機能の弱さについて、それも多様性のあらわれの一つで、受け入れるべきものだという見解があったなら、それには違和感を覚えます。

ここで認知機能を「勉強」と置き換えてみます。もし学校の先生がある生徒に、「勉強ができないのも多様性のあらわれだ」と言ったらいかがでしょうか。そう言われて本人や保護者が素直に受け入れられるでしょうか。弱いところ、苦手なところを少しでも伸ばせる可能性があるのであれば、伸ばしたい、伸ばしてあげたい、その可能性に賭けたい、と思うのが正直なところではないでしょうか。また支援者としても、少しでも能力を伸ばせる機会をつくってあげたいと思うはずです。

こういった背景のもと、改めて認知機能の大切さとそこに弱さをもつ困っている子どもたちに焦点を当ててご紹介したのが本書になります。

本書は、ご好評いただいた2019年刊行の『ケーキの切れない非行少年たち』(新潮新書)の実践版といった位置づけになるかと思います。同書の発刊からすでに約3年余りが経ちました。同書は「ケーキを三等分に切ることができない」といった問題を抱える少年院の非行少年たちの姿と、教育や親子関係について大切だと思うことを記したものでした。本書では『ケーキの……』の発刊から現在までの間にアップデートされた内容を加え、非行少年へのトレーニングの経緯、トレーニングのより具体的な内容、学校等教育機関での実践例の報告、子どものモチベーションについて大切に思うことをまとめて紹介しました。

内容的には『ケーキの……』の書籍と重複している箇所もありますが、認知機能の弱さをもつ困っている子どもたちへの支援として、より実践的・具体的な内容になっていると思います。

本書の概要は以下の通りです。

第1章では、「立方体が描けない子どもたち」を象徴として、支援が必要であったにもかかわらず気づかれなかった子ども・少年が非行化している現状、第2章では、そういった子ども・少年たちの共通した特徴、第3章では、少年院に入ったそのような少年たちに対してトレーニングを始めるまでの経緯、第4章では、トレーニングの具体的内容と子ども・少年たちの変化、第5章では、子どものモチベーションをどう維持していくかといったヒント、といった内容になっています。

具体的なワークシート例も数多く掲載しております。ご興味のある章からお読みいただいても問題ございません。


ところで、現在子ども向けの教材としてさまざまな種類のものが数多く刊行されています。中にはこれはどうか？　といったものもあるかもしれません。しかし私は、その教材を選ぶ支援者が子どものペースに合わせて、どのように使うかに問題があるだけで、世の中にはどのような教材があってもいいと思っています。

本書では子ども支援に関して「コグトレ」という教材を中心に書いていていますが、あくまで困っている子どもたちへの支援ツールの一つとしてご参考になればと紹介させていただきました。もちろん、「コグトレ」以外でもっと子どもに適した教材があればそちらをお使いいただければと思います。本書が「コグトレ」の宣伝を目的とした書籍ととられないことを願っております。

最後になりましたが、本書は、養老孟司《ようろうたけし》先生との対談集『子どもが心配』（ＰＨＰ新書）の企画にあたり、ＰＨＰ研究所 ビジネス・教養出版部の西村健様から対談者の一人として声をかけていただきましたご縁で刊行の運びとなりました。西村健様には企画段階から最後まで丁寧にご助言・ご尽力いただきましたことを心より感謝申し上げます。

立命館大学教授・児童精神科医

宮口幸治

「立方体が描けない子」の学力を伸ばす――目次

はじめに　3

第1章　立方体が描けない子どもたち

精神科外来には本当に問題がある子は来なかった　18
少年院で立方体が描けない少年に出会う　20
教科学習以前のレベル　23
気づかれない子どもたち　25
1700万人いる境界知能　28
知的障害者も気づかれない　30
今もいる、通常学級の気づかれない知的障害児たち　34

第2章

困っている子どもの特徴

困っている子どもの特徴5点セット＋1　38

1 認知機能の弱さ　39

聞く力、見る力、想像する力が弱い　39
認知機能の弱い子どもたち　42
学習とはどう結びついているか　47
認知機能は学習の土台　49
認知機能の弱さは、対人スキルの乏しさにもつながる　50

2 感情統制の弱さ　51

気持ちをうまく表現できない　51
きもちの日記　52
人の気持ちがわからない　54

3 融通の利かなさ 55
4 不適切な自己評価 58
自分のことがわからない 58
5 対人スキルの乏しさ 61
6 [＋1]身体的不器用さ 63

第3章 非行少年たちへのトレーニング

大学病院で自由な時間ができてしまった 66
子どもに Rey の図を描かせた医師はいなかった 68
使える教材がなかった 69

世の中の認知機能を鍛えるトレーニングを調べて開発　71
「カブトムシ」って食べ物!?　74
トレーニングを少年院で始める　77
やる気のない子がやる気になったあるきっかけ　78
わからないことが理解できなかった　80
少年たちで教え合うほうが理解が進んだ　82
「僕はバカには自信があるんです」　83
社会面のトレーニングも必要だった　84
グループワークで他者を知り自分に気づく　85
性非行少年たちへの価値観ゲーム　86
自分のことを知るのはしんどいこと　88
身体面のトレーニングも必要だった　90

第4章
困っている子どもたちへの具体的支援
社会面、学習面、身体面の3方向からの包括的支援　94

1　学習面のコグトレ、認知機能強化トレーニング　97
〔覚える〕　97
〔数える〕　101
〔写す〕　107
〔見つける〕　110
〔想像する〕　113

2　社会面のコグトレ、認知ソーシャルトレーニング　120
〔段階式感情トレーニング〕　122
〔対人マナートレーニング〕　132
〔危険予知トレーニング〕　139

〔段階式問題解決トレーニング〕 142

3 身体面のコグトレ、認知作業トレーニング 149

三つの大分類と七つのトレーニング 149
身体面の不器用さをチェックする 153
〔自分の身体〕 156
〔物と自分の身体〕 161
〔人の身体と自分の身体〕 162

4 少年院での実践とその成果 164

立方体が描けるようになった 164
社会に復帰してからの少年たち 169
一般の学校にも広がる 170
成人施設でも 174
特筆すべきコグトレのアセスメント機能 177

保護者の不安を諦めに変えて、それで終わりだった　179
日本COG-TR学会の設立　184
気になる子たちが、クラス平均に追いついてくる　185
コグトレをめぐる誤解　189
コグトレがうまくいかない場合　191
新たなコグトレの試み　194

第5章　子どものやる気を引き出すためのヒント

子どもに勉強させたかったら、親が勉強すればいい　202
学習の集中力を付けるには　203
家庭学習における集中力、姿勢　205
同級生から刺激を受ける　206
「勉強しなさい」が駄目なわけ　208
本嫌いの子を変えるには　209

理科、社会の勉強の前に　210
「なぜ、勉強するの？」と聞かれたら　212
褒めて伸ばすコツ　214
考えることが苦手な子には　216
ゲームやＳＮＳが救いになる子どももいる　217
自制心を調べるマシュマロ・テスト　219
友だちとのコミュニケーションがうまくいかないときは　222
きょうだいが優秀で劣等感を感じるときは　223
「自分はこの世に不必要な存在かも」と思ってしまう子には　225
自分から助けてとは言わない　226
親に対して暴言を吐く子どもとの接し方　227
子どもが変わると支援者も変わる　229
今さらながら教育のあり方とは――持続可能な教育　230

コグトレテキスト一覧　234

第1章

立方体が描けない子どもたち

精神科外来には本当に問題がある子は来なかった

私は現在、大学で臨床心理学、精神医学などの講義を担当しており、２０２２年で7年目になります。それ以前は医療少年院や女子少年院で勤務していて、今も非常勤で関わっています。少年院に勤め始めてから、14年近く経ちました。

少年院勤務の前は、公立の精神科病院で児童精神科医として勤務していました。どうして一般の精神科病院を辞めて少年院に移ったかと申しますと、〝病院でできることは限られている〟ということがわかってきたからです。

通常、子どもの患者さんが病院に来るということは、誰かが連れてきてくれるわけです。子ども自身が自分に問題があると思い一人で精神科に受診に来た、という経験はありません。つまり子どもが診察につながるのは、例えば保護者や子どもの福祉関係機関の支援者などが連れてくるようなケースです。実は、それだけでもまだ恵まれているということに気づいたのです。

私が少年院で出会ったような少年たち、つまり、なんらかの障害を抱えていて、支援が必要であったにもかかわらず、気づかれず支援が受けられなかったような少年たちは、児童精神科のような医療機関とは縁がありませんでした。そもそも支援が必要だということが、生まれてから、そして学校にいても気づかれてこなかったのです。気づかれず医療や福祉、教育などの支援機関につながらなかった子どもの一部が、非行化してしまい、加害者になって被害者をつくり警察に逮捕され、少年院や鑑別所に入れられていた。そこで初めてこの少年には障害があり、支援が必要だったことがわかるという現実があったのです。そのような少年たちの存在を知り、病院でできることに限界があることに気づきました。そして何をすべきかを悩んだ末、病院を辞め少年院で勤務することに決めました。

そこでさまざまな少年たちに出会ってみると、今まで私が抱いていた発達障害や知的障害の子どもの概念がガラガラと音を立てて崩れました。今まで病院の中で、これが彼らの課題だと思っていたことと全く違うことが問題になっており、「これは一体何なのだ」ととても驚きました。そして、こういった少年たちとどのように接し、どのように支援したらよいのか、少年院で勤務を始めてから葛藤《かっとう》の毎日を送ることとなりました。

少年院で立方体が描けない少年に出会う

少年院で勤務を始めた直後に、当時一番手のつけられない少年の診察を頼まれました。その少年はいったん暴れだすと本当に歯止めがきかない、地域でも恐れられていた凶暴な少年だと聞いており、どんなに怖い少年が来るのかと内心はドキドキしていました。しかし、意外にも診察室ではとてもおとなしくしていました。

少年は軽度の知的障害でした。「はい」「いいえ」くらいしか会話が進まないため、私は気分を変えるつもりで、病院でルーチンとして行なっていたReyの複雑図形という検査をしてみました（図1-1上図）。これは1940年代にスイスの心理学者Reyが開発したもので、別の学者が標準化検査の形に整備しました。主に認知症や頭部外傷などの患者さんの認知機能を評価する検査として使われていたものです。最近は子どもの視覚認知や計画力をみる検査としても使われるようになってきました。そこで見本を見ながら模写するという課題を出したところ、次の絵を描いてきたのです（図1-1下図）。

少年が描いた絵を見たとき、どのように見るとこの見本がこのように見えてしまうのか

図1－1　図形の模写

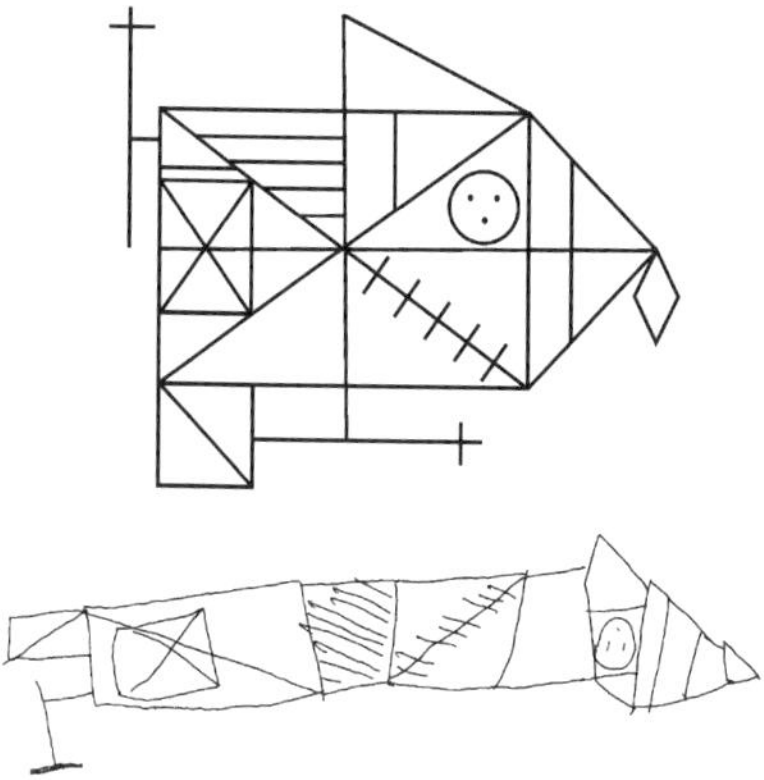

（少年が描いたものを著者が再現）

と、とても驚きました。いろいろな人に見せたところ、ある人は簡単に「写すのが苦手なんですね」というふうに仰《おっしゃ》いました。しかし、そう簡単に判断していい問題ではないのは明らかでした。この見本がこういうふうにしか見えていないということは、世の中のことが歪《ゆが》んで見えてしまっている可能性があります。そして、見る力がこれほど弱ければ、おそらく聞く力もとても弱く、こちらが伝えたいことがしっかり伝わっていないのではないかと推測できます。

　もしかしたら、これが、つまり見たり聞いたりする力の弱さが、彼らの非行の原因の一つになっているのではないだろうか。彼らを更生させるには、こういったところにもアプ

図1－2　立方体の模写

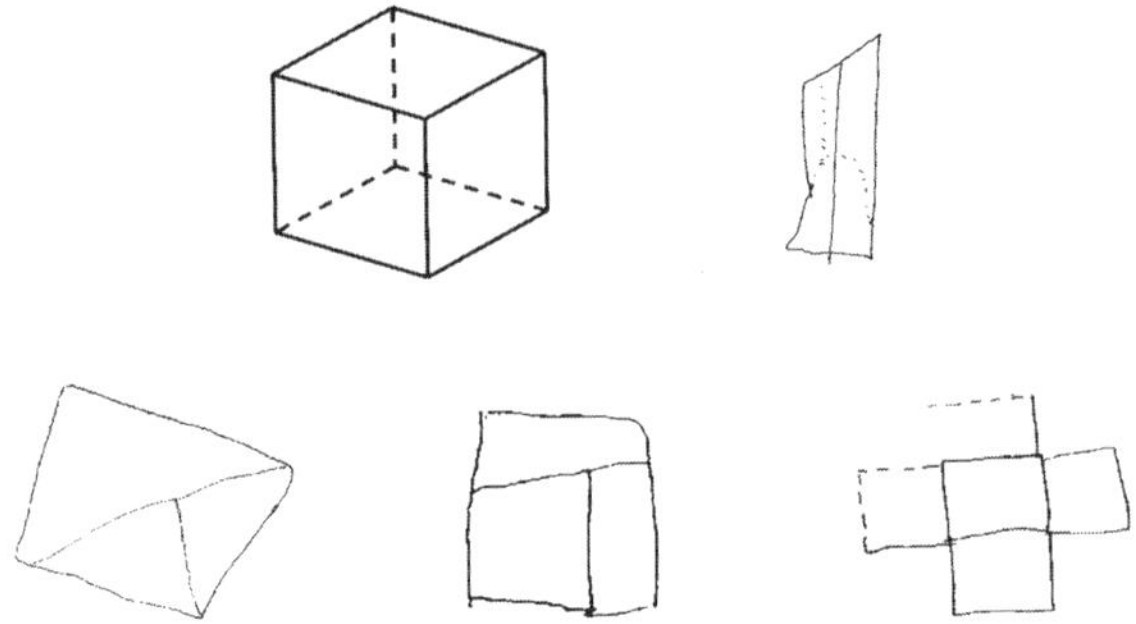

（少年が描いたものを著者が再現）

ローチしなければいけないのでは、と考えたのが、後述する非行少年へのトレーニングを開発するきっかけになったのです。

こういった少年たちは他にも大勢いました。そこで立方体の模写もさせてみたところ、図1－2のような図を描いてきました。

立方体の模写は、標準的な子どもであればだいたい7歳から9歳までの間にクリアする課題です。小学校低学年でこういう図を描いても、「もう少し様子を見よう」という判断をしてもいいかもしれません。しかし、小学校高学年になって、こういう模写をしていたとしたら何らかの支援の対象になると考えたほうがいいでしょう。

ところが少年院でこのような図を描いたのは中

学生、高校生であり、しかも、殺人や傷害、強制わいせつ、放火といったさまざまな凶悪な犯罪を行なった少年たちなのです。目の前の、本当に凶悪な犯罪を行なってきた少年たちが、図１－２のような立方体を描いているのです。このような状態で、被害者の気持ちを考えさせたり非行の反省をさせたりする従来の矯正《きょうせい》教育を行なっても、どれほどの効果があるのだろうかと疑問を持ちました。おそらく「うん、うん」とわかったつもりになっていても、右から左に抜けてしまっているのではないか。もちろん歴史ある従来の矯正教育を否定するものではありません。しかし、それらと同時にこういった立体図をしっかり描ける力を付けさせる必要があるのではないか、それで初めて従来の矯正教育が成り立つのではないかと思ったのです。

教科学習以前のレベル

我々は、五感を通してさまざまな情報をキャッチして、それに基づいて計画を立て、行動に移ります。この一連の流れの中で認知機能は重要な役割を果たします。認知機能は専門分野によってさまざまな定義がありますが、ここでは簡単に、見たり、聞いたり、見えないものを想像したりする力などとしておきます。

もしこの認知機能が弱いと、不十分な情報をもとに、考えたり感じたりするわけですから、どうしても考え方や感じ方が歪んだりして違う方向に行ってしまう可能性があります。そういった歪んだ考え方、感じ方で計画を立てて実行すると、結果はさらに不適切な方向に歪んでしまうのです。例えば、相手は特に睨《にら》んでいないのに、「俺のことを睨みやがった」と因縁をつけるのはまさにその典型でしょう。

通常、不適切な考え方、感じ方を修正して正しい行動に導くのが心理社会的なアプローチであり、認知行動療法などはその代表的なものと思います。例えば悲しい場面なのに、一人だけ笑っていたり、違う考え方をしていたりするとしたら、「その感じ方、その考え方は違っていないか」といった具合に修正していきます。このようなアプローチはとても大切なものです。

しかしもし見る力や聞く力が弱くて、入ってくる情報自体が理解できなかったり歪んでしまっていたりしたら？　もし、そうであれば物ごとの感じ方、考え方だけ修正してもなかなか効果は生まれないのではないか？　そう疑問に感じたのです。実際、従来から矯正施設で使われてきたさまざまなプログラムは、非行少年たちにとって難解であり理解が追いつかず、教育が空回りしてしまっていた状況に数多く遭遇しました。

そういった心理社会的アプローチや矯正プログラムに効果がないというのではありません。むしろ絶対に必要なものと思うのですが、それらをより効果的にするためには、並行して情報を取り込む段階での認知機能の力をもっとしっかり身につけさせるべきだと考えるのです。

気づかれない子どもたち

ここで学校教育の中での支援の仕組みについて少し述べてみたいと思います。次ページの図1－3をご覧ください。縦軸がＩＱ、横軸が発達障害の傾向とします。知的障害①や発達障害②と診断されれば支援の対象になり、各学校に設置された特別支援学級に入ったり、幼稚部、小学部、中学部、高等部がある特別支援学校に入学したりします。

しかし、ＩＱが70から85の境界知能③で、発達障害の傾向も強くなく、知的障害だと診断されない子たちは、支援から外されてしまいます。つまり今の教育では境界知能だけでは支援対象にはならないのです。

学校でも、支援がなくても通常の生活は送ることができるため、ほとんど気づかれることがありません。勉強も小学校のうちは遅いなりにもついていくことができます。小学校の先

図1-3　境界知能とは

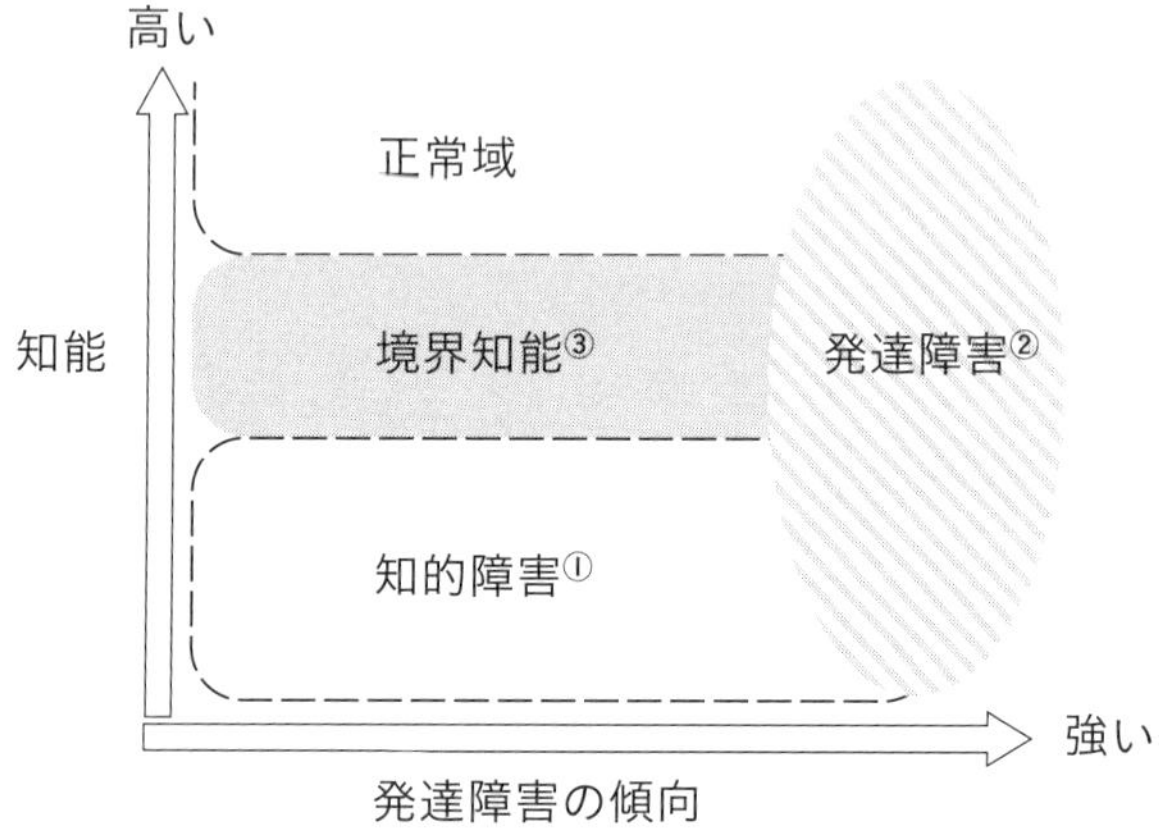

生は少し気になりますが、「あまり勉強が好きではないのかな」「家でもっとしっかり勉強する習慣をつけさせないと」と思う程度かもしれません。明らかな障害がないので、「特別支援教育を受けさせないといけない」というところまで至らないのです。

学校に通っている間はまだ先生の目が届きますが、社会に出ると全く気づかれなくなります。

雇用者は、そもそも境界知能について知っている人は稀《まれ》でしょうし、もし知っていたとしても境界知能の人たちが配慮すべき対象とは最初から考えないことも予想され、標準的な被雇用者と同じ仕事を与える可能性があります。しかし、その仕事がうまくできず、また当の本人も自分は普通と思っているので「助けてほしい」

となかなか支援を求めることもしません。さらに職場の対人関係もうまくいかないことも重なれば、職を転々としたり、引きこもったりすることになります。そうなると当然経済的に厳しくなります。

また、境界知能の人たちはそうでない人たちに比べ、どうしても利用されやすい、騙《だま》されやすいというリスクもあり、犯罪に関与してしまうリスクも高くなる。最悪の場合、刑務所に収容されるということもあり得ます。これはもちろん「境界知能の人は犯罪者になる」と言っているのではありません。境界知能の人たちは、知的障害の人も含め、周りに流されやすい、利用されやすい、搾取されやすいというリスクがあるということです。

実際、刑務所にいる人たちの中には、軽度知的障害や境界知能の人たちがかなりの割合を占めていると言われています。調査方法にもよりますが、約４割を占めるのではないかと推定されます。一般では境界知能以下の人たちの人口割合が約16％ですので、かなり高いと思われます。誤解なきよう再度お伝えしますが、境界知能の人たちが刑務所に入るのではなく、刑務所にいる受刑者たちを調べたらそういった人たちが大勢いたということです。

このような人たちの問題を、子どものうちにいかに気づいて、いかに支援するかということが日本の将来にとっても大変重要なのです。私はこういった子どもたちは学校でしか救えないと考えます。そして日々子どもたちに接している学校の先生方の大きな使命だと思います。

1700万人いる境界知能

境界知能の歴史的背景についてご説明します。知的障害の診断には、DSM－5（精神障害の診断・統計マニュアル第5版）が用いられることが多いですが、自治体によっては障害者手帳用の診断書には、ICD（国際疾病分類）という世界保健機関（WHO）が作成した分類が用いられることもあります。

最新のDSM－5ではIQの区分がなくなりましたが、ICDでは、IQが70未満（自治体によっては75未満）で、さらに社会適応レベルに障害があれば知的障害と診断されます。IQが70から85の領域（IQ値は平均100で1標準偏差［SD］が15と設定。平均100から－1SD～－2SDのところ）は境界知能とされます。境界知能は計算上、約14％存在することになり、例えば、35人クラスなら、約5人いることになります。

ところでICDは定期的に改定されています。1965年から1974年までの10年間は第8版（ICD－8）として、IQ：70～84は「境界線精神遅滞（Borderline Mental Retardation)」と定義されていました。つまり、今でいう知的障害です。その10年間だけは、境界知能までが知的障害だと扱われていたのです。つまり境界知能であれば、知的障害者と同様にこの社会で生活するのが大変だということを示しているのです。現に、米国知的・発達障害協会が発行している定義マニュアル（第11版）にはIQが70〜75をわずかに下回る軽度知的障害とIQが70〜75をわずかに上回る人、つまり境界知能は共通点が多いと記されています。

では、どうしてIQ70まで下がったかというと、あまりにも該当する人口が多すぎるためさまざまな不都合が生じたからでしょう。現在の日本の人口で考えてみると、14％であれば1700万人以上の境界知能の方が知的障害に該当してしまいます。1700万人を知的障害者として支援するのは、財政面でも人材面でもとても現実的ではありません。

しかし、ここで考えてみてください。基準値が下げられたからといって、この人たちが知的障害者ではなくなったわけではありません。依然として彼らの大変さは残ったままのはずです。ではどうなったのでしょうか。気づかれず、忘れられてしまったのです。1999年の米国大統領精神遅滞委員会の報告書の中でも〝忘れられた世代〟として報告されているほどです。

知的障害者も気づかれない

ではIQ70未満であれば気づかれるのでしょうか。知的障害者は、知的障害という診断がつけば当然支援を受けることができます。しかし知的障害であっても気づかれないことも多々あります。知的障害は約2％いるとされていますが、内閣府の『障害者白書』（令和3年版）によりますと知的障害者は109万人、つまり0・87％。半数以上が認定されていないのです。

一方で平成25年の『障害者白書』では54・7万人でした。8年で約55万人増加していることになるのですが、これは知的障害に対する認知度が高まり、療育手帳取得者が増加した結果だといえます。しかし依然、気づかれていない知的障害者が大勢いることに違いはありません。

知的障害者の事件で印象深いのが、2003年、滋賀県のある病院で起きた死亡事件です。入院していた植物状態の男性患者（当時72歳）が死亡し、滋賀県警は、人工呼吸器のチューブがはずれたことを報じるアラーム音に、当直の看護師らが気づかず窒息死したとみて、過失致死事件として捜査しました。

事件から1年以上経ったころ、任意聴取された元看護助手Aさんが、驚くべき白白をしました。「職場での待遇への不満から、呼吸器のチューブをはずした」というのです。Aさんはすぐに逮捕され、殺人罪で懲役12年が確定しました。しかし服役すると一転、Aさんは、獄中で冤罪《えんざい》を訴え続けたのです。やがて、服役後の２０２０年の再審判決で、Aさんは無罪となりました。

なぜ、Aさんは虚偽の自白をしたのでしょうか。それは、取り調べの刑事を「優しい男性」と思い込み、好意を抱いてしまったからなのです。Aさんは自分が罪を認めることで、その刑事から好かれると思って嘘をついたのです。Aさんは、のちに軽度の知的障害と発達障害の疑いありと診断されています。服役していたAさんに弁護団は面会を何度も重ね、その中で精神鑑定を行ないました。そのときようやく軽度の知的障害があることがわかったのです。それまでは、Aさんの障害は気づかれないままでした。

Aさんの兄2人は勉強ができる優秀な人で、Aさんは劣等感を感じながら生きてきたそうです。Aさんにとっては、嘘をつくことが、友だちや周りの人とうまくやっていき、生きるための手段だったのではないかと思います。

冤罪はもちろん大きな問題ですが、一方で小中学校ではAさんに知的障害があるということが、全く気づかれていなかったことが大きな問題と感じます。報道によると、Aさんの中学校の先生は、Aさんの知的障害に気づいてあげられなかったことを後悔されていたそうです。

知的障害の可能性があるのに、気づかれなかったことが要因となって起こった事件は他にもあります。2019年、就活中の女子大生（当時）Bさんは、羽田空港のトイレで出産したばかりの女児を殺害したなどとして、殺人と死体遺棄の罪に問われました。

Bさんは、両親がこれまでになく喜んで就活を応援してくれたため「両親との関係が崩れるのが怖い」と思い、妊娠を相談できませんでした。公判前の検査で、BさんのIQは74で境界知能だと判断されていました。ところが判決では、IQが70以上であったことを根拠とした精神鑑定結果をもとに「知的能力は低い方とはいえ、正常範囲内にあった……（中略）……経歴、学校での成績等を見ても、知的能力に大きな問題はない」と、完全な責任能力があるとされ、懲役5年の実刑判決を受けたのでした。

しかしここからが大変問題なのですが、この知的障害と境界知能を分ける境界ラインは、実は自治体によって異なり、例えば東京都福祉保健局の基準では軽度知的障害はおおむねI

Q50～75と設定されており、IQ74であれば軽度知的障害に分類される可能性も十分にあったのです。もし精神鑑定で軽度知的障害だと判定されていれば情状《じょうじょう》酌量《しゃくりょう》の可能性もあり、事件の社会の受け取り方や被告の人生もまた変わってきたはずなのです。

報道によると、小学生のころから授業についていけず、就職活動で企業に提出するエントリーシートの質問の意味がわからないために、空欄が目立ったそうです。母親は、こうした状況に気づかず幼いころから叱責を繰り返したと打ち明け、「苦しい気持ちを何一つわかっていなかった」と泣きながら証言したといいます。

Bさんは妊娠でお腹が膨らんできても、誰にも相談できなくて、パニックになってしまって産み落としたそうです。まさに知的障害の症状としても十分に説明がつきます。何か急なことが起きたときにパニックになって、後先のことが考えられずに結果的に場当たり的なことをしてしまうのです。

これらの事件からわかることは、境界知能も、軽度知的障害も、なかなか気づかれないことがあるということです。IQが72、73、74など、70を少し超えただけで「知的障害ではありません」と診断されることがあります。知能検査は検査を受けた日の本人の調子にもよりますし、誤差もあります。

Bさんの例では、「低いとはいえ正常範囲内で大きな問題はない」と判断され、母親の叱責も「妊娠を相談するのに支障はなかった」と見なされてしまったのです。

今もいる、通常学級の気づかれない知的障害児たち

私は現在ある市の教育相談を務めています。勉強が苦手な子が保護者に連れられて相談に来られるのですが、多くは境界知能のお子さんです。特に小学2年生くらいになると周囲の子に比べ、勉強についていけない、宿題に時間がかかる、忘れ物が多い、など心配事が次第に明らかになってきます。

相談では3回に分け、知能検査や学力不振の原因を調べるコグトレのアセスメント機能（第4章で紹介）などを使ってその子の発達の程度を調べていきます（アセスメントとは客観的な調査や分析のこと）。そこで原因がわかってくると、たいていの保護者は「そうだったのですね。これまで無理をさせていたのですね」と納得され、その後の支援方針などをお伝えする流れとなっています。

しかし、ときどきIQ70以下の知的障害であることがわかることもあります。ある親子

は、「小学6年生になっても勉強がほとんど理解できていないから、中学に行く前に一度調べたほうがいい」と学校の先生から言われたと相談に来られました。その子は、検査してみると明らかな軽度知的障害でした。しかし、それまで学校ではどの先生からも気づかれずに通常学級で授業を受けていたのです。

決してその市の知的障害に対する認識レベルが劣っているわけではありません。むしろその市は福祉と教育が進んでおり、「ここで子育てをしたい」と保護者が周囲からも集まる地域です。にもかかわらず、そこでも軽度の知的障害が見逃されてしまう現実があるのです。

まず現場で学校の先生方が、「この子は何かしら問題があるかもしれない」と気づくことが必要になるのですが、そんなに簡単なことではありません。境界知能は、ほぼ気づかれないといったほうがいいでしょう。

次章ではそういった子どもの特徴を挙げています。それらの特徴を知り、身近に困っている子がいたら、ひょっとして、と気づいてあげられるきっかけになればと思います。

第2章

困っている子どもの特徴

困っている子どもの特徴5点セット＋1

ここからは困っている子どもの特徴をご紹介していきます。これまで児童思春期外来や医療少年院での少年たちの診察を経る中で、彼らに共通する特徴があることがわかってきました。そこで、困っている子どもの特徴を、5点セット＋1という形でまとめました。これは前章で扱った気づかれない境界知能や、軽度知的障害の特徴にも十分当てはまると感じています。

［1］認知機能の弱さ……見たり、聞いたり、想像する力が弱い
［2］感情統制の弱さ……感情コントロールが苦手。他人の気持ちを理解できない
［3］融通《ゆうずう》の利かなさ……思いつきで行動する。困ったときの解決策がほとんど出てこない
［4］不適切な自己評価……自分には問題がないと思う
［5］対人スキルの乏しさ……人とのコミュニケーションが苦手
［＋1］身体的不器用さ……身体の使い方が不器用。力加減ができない

身体的不器用さを＋1としたのは、子どものころから運動やスポーツなどをしている子たちの中には、身体的な不器用さが必ずしも当てはまらないケースもあるためです。それぞれ順に説明していきましょう。

1　認知機能の弱さ

聞く力、見る力、想像する力が弱い

＊聞く力の弱さ　何度口頭で伝えてもなかなか理解してくれない、指示通りに動くのが苦手、伝えたことをすぐ忘れてしまうという子どもたちがいます。さらに、よく理解できていないのにもかかわらず「はい」と言ってしまう。本当にわかったのかなと思って、内容を確認してみても、十分にわかっていないことがあります。このような子どもは、聞く力が弱いと考えられます。

聞く力が弱い場合、認知機能のうち知覚や言語理解の力も弱い可能性があります。また、「聞いて指示通りに動く」ためには、脳の中のワーキングメモリ（一時的に情報を記憶し、処

理する能力）が正しく機能しなければなりません。言語性ワーキングメモリの機能が低いと、聞いてもすぐに指示を忘れてしまい、指示通りに動けないという状態になってしまいます。先生の言葉を正しく聞き取ることも難しくなります。

＊見る力の弱さ　周囲を見て、状況を判断して適切な行動をとることが苦手な子がいます。そのため、先生がみんなに注意しても自分だけに注意したとか、自分だけが損をしていると感じてしまうこともあります。このような子どもは、見る力が弱いと考えられます。

見る対象物をしっかり見ていない、見ているつもりでも、さまざまな視覚情報を総合的に判断し、その中で共通点や相違点などを見つけることが苦手だったりします。すると周囲を見て適切な行動がとれなくなり、周りの空気が読めないように見えることも多いようです。

また漢字を正しく覚えるには、線がどのように交差しているか、はらいになっているのか止めになっているのかといったことが見てわかり、覚えることで書けるようになります。見る力に弱さがあれば漢字や図形を正しく書き写すことが難しくなります。

＊想像する力の弱さ　目標を定めることができず、その結果、努力することができない子も

います。これは想像する力の弱さが考えられます。「想像する力」というと、他者の気持ちを推し量るといったこともありますが、身近なところでは時間の概念があります。時計は見えても、時間そのものは見えませんので、概念として認識し想像するしかありません。

時間の概念が弱いと、昨日、今日、明日の3日間ぐらいの範囲でしか物事の流れを想像できないこともあります。そのため、例えば「1週間後に試験があるから頑張ろう」「1か月後に試合があるから頑張ろう」といったように、将来の目標を定めて、それに対して頑張ろうということが難しくなるのです。

努力するのが難しくなると、非行に走ってしまうことがあります。自分が努力したことがなければ、人の努力がなかなか理解できません。人の努力が理解できなければ、人が努力して、苦労して手に入れたものを盗んでも、平気でいられるのです。

新品の原付バイクを買おうとしたら、だいたい15～20万円ほどかかります。そのお金をアルバイトで貯めるとしたらかなり大変でしょう。努力をしたことがない少年は、アルバイトでお金を貯めることの大変さが想像できません。ですので他人が一生懸命アルバイトして買ったバイクを、簡単に盗んでしまうのです。もちろん盗まれた被害者の気持ちを想像することも難しいでしょう。

図2-1　模写が苦手な子

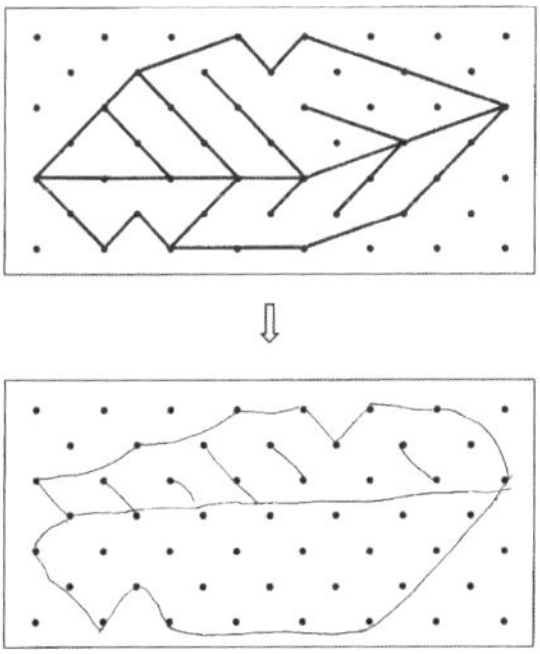

出典:『コグトレ　みる・きく・想像するための認知機能強化トレーニング』(三輪書店、一部改変)

図2-2　ケーキが切れない子

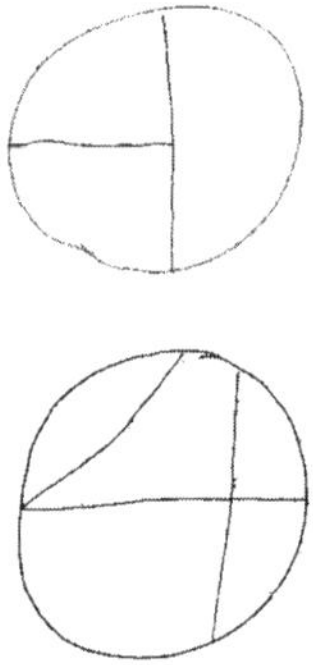

(子どもが描いたものを著者が再現)

認知機能の弱い子どもたち

実際に、認知機能の弱さの可能性のある子どもの例をいくつか挙げたいと思います。

＊模写が苦手な子　図2-1は、もうすぐ小学2年生になる児童が描いた認知機能強化トレーニング(コグトレ)に含まれる点つなぎの課題ですが、この子はひらがなの読み書きが不十分、文章が読めない、漢字もほとんど覚えられない、と担任の先生から報告されていました。しっかり形の特徴をとらえる力に弱さがありそうです。

＊ケーキが切れない子　図2-2は、「丸いケーキがあります。3人(5人)で食べるとき、

図２-３　個数が数えられない子

△の数《かず》を数《かぞ》えながら、できるだけ早《はや》く△に✓をつけましょう。

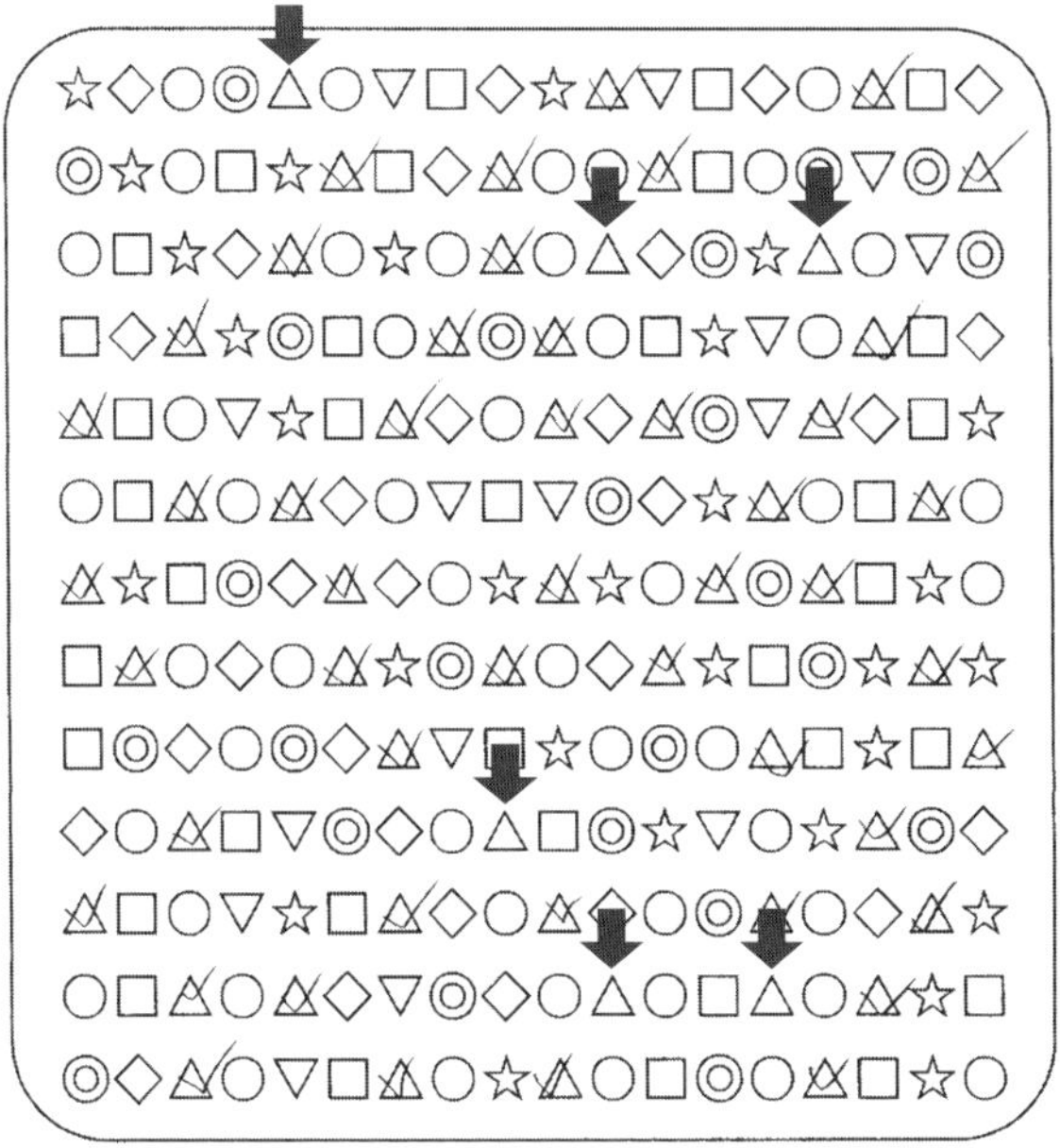

⬇はチェックをし忘れた箇所

出典：『コグトレ　みる・きく・想像するための認知機能強化トレーニング』（三輪書店、一部改変）

図2-4　自画像が稚拙な少年

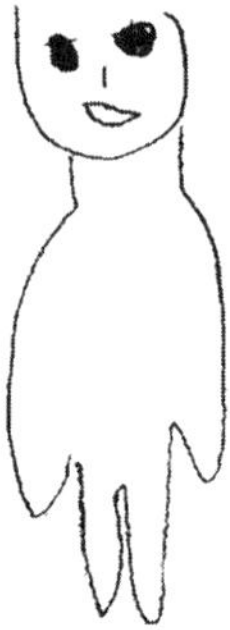

出典:『コグトレ　みる・きく・想像するための認知機能強化トレーニング』（三輪書店）

平等に分けるにはどうやって切りますか?」という課題ですが、これは中学生年齢の子が描いたものです。分数の概念も理解できていませんでした。

＊個数が数えられない子　図2－3も認知機能強化トレーニング（コグトレ）に含まれる記号さがしという課題です。50個程度の三角形をチェックしながら数えるというものですが、この児童は見落としや間違いなどが多発しています。ちなみにこの児童は小学6年生です。数える力の弱さもありますが注意力の弱さも懸念されます。

＊自画像が稚拙な少年　図2－4は14歳の少年が描いた自画像です。この少年は傷害事件を起こし少年院に入ってきました。自己イメージが歪んでいるといった心理的な歪みもありそうですが、それだけでなく認知機能的な弱さもありそうです。彼は、自分の姿をしっかり見

図２-５　ウィリアムズ症候群・ダウン症

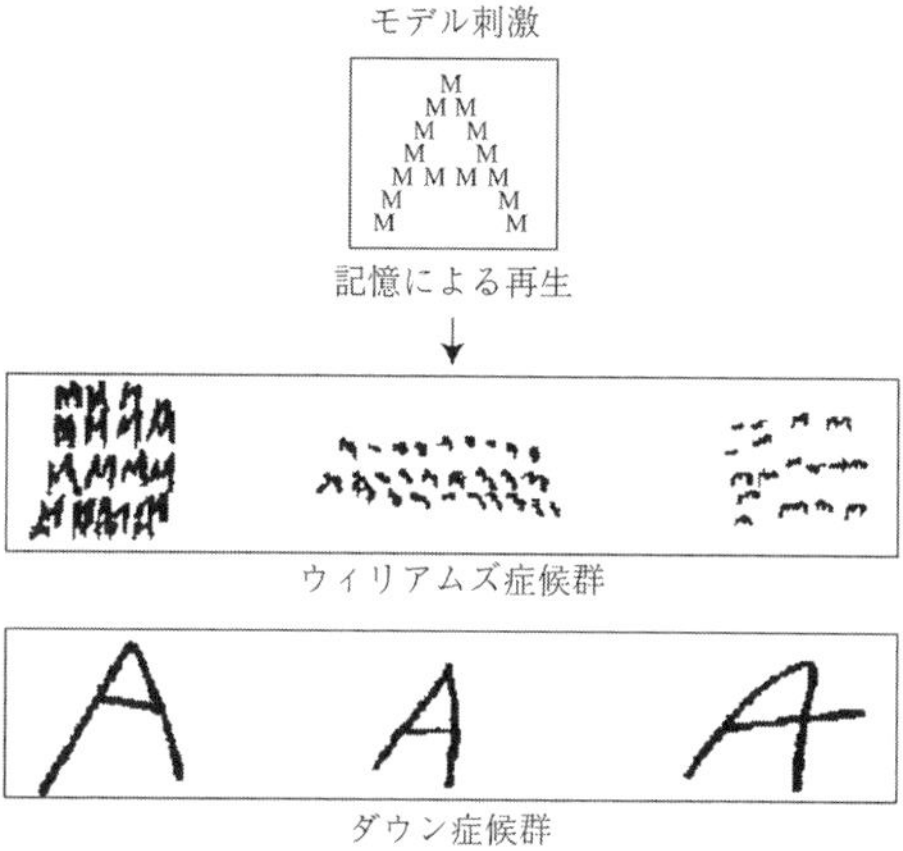

出典:『知的障害児の心理学』（田研出版）

て自分なりに特徴を摑《つか》むことができていません（第４章で認知機能への介入でこの子がどう変わったかをご紹介します）。

＊ウィリアムズ症候群・ダウン症　図２－５は特殊な例ですが、どちらも染色体異常を持った軽度知的障害のある人たちが描いた図です。上の見本を覚えてから、紙に思い出して描く課題です。見本はＭという字が集まってＡという形をつくっています。

それぞれで見え方が大きく違います。上のウィリアムズ症候群の場合は、小さいＭはわかりますが、Ａがとらえきれていません。下のダウン症の場合はＡという字はわかりますが、小さいＭはとらえられていません。

　これだけ見え方が違うということは、我々が子どもたちに同じ絵を見せても全く違うように受け取ってしまう可能性があるということを示す貴重な資料です。このことからも、指導を行なう上で、わかりやすく子どもたちに伝える必要があるといえます。

＊見通し力の弱い子　今、これをやったらどうなるか、など後先を考えるのが苦手な子がいます。このような子は、先のことを予想する力（想像する力）が弱い可能性があります。
　こんな話をＳＮＳで読みました。ある知的障害の生徒が午後から就職の面接に行くというのですが、昼ご飯に激辛ラーメンを注文したというのです。普通に考えれば、激辛ラーメンを食べればお腹の調子が悪くなるかもしれないから、大切な面接の前は控えておこうと思います。しかし後先のことを考える力が弱いと、目の前のことに飛びついてしまうこともあるのです。

　非行少年たちの中にも、欲しいからといって今、これを盗《と》ったらどうなるか、といったことを考えずに行動してきたケースが散見されました。ここにも想像力の弱さが関係していそうです。

学習とはどう結びついているか

では、今度は認知機能が学習とどう関係するかについて、ある問題を解く際に認知機能の各機能がどう働いているのかを例に考えていきます。ここでは認知機能をもう少し厳密に定義して、記憶、知覚、注意、言語理解、判断・推論といったいくつかの要素が含まれた知的機能とします。

例えば授業中に、先生が口頭で次のような問題を出したとします。

「Aさんは10個の飴《あめ》をもっていました。4個あげました。今、Aさんは飴を何個もっているでしょうか？」

まず先生の話に「注意」を向ける必要があります。ノートにお絵描きをしていては問題が出されたこと自体に気が付きません。そして先生の話に注意を向けたとしても、先生の話したことをしっかり聞きとって「知覚」し、10個と4個など個数を忘れないように「記憶」しなければいけません。また先生の話した問題の「言語理解」も必要です。

次に、ここから問題を考えていくわけですが、暗算するためには他に考え事などせず「注意」・集中する必要があります。好きなゲームのことを考えていては暗算ができません。最後に大切なのが、上記の問題では、

「Aさんは誰かに4個の飴をあげたのか？」
「Aさんは誰かから4個の飴をもらったのか？」
「Aさんは4個の飴を単に上に上げたのか？」

の3通りの解釈ができます。ですので、ここで先生はどれを意図しているのか「判断・推論」する必要があります。以上から先生が口頭で出した問題を解くためには、認知機能の全ての力が必要なのです。

ここで考えてみてください。このような簡単な問題よりも、国語、算数、理科、社会、英語の教科学習はもっと複雑で難しいはずです。ですので、もしそれらの認知機能の中の一つでも弱さがあれば——例えば、聞く力が弱い、集中力がない、言われたことをすぐに忘れて

しまう、などがあれば、問題を解くことができないのは想像に難《かた》くありません。認知機能は学習に必須の働きであり、学習につまずきを抱える子どもは認知機能の働きのどこかに、または複数の機能に弱さをもっている可能性があるのです。

認知機能は学習の土台

認知機能は先生の説明をしっかり見て／聞いて（知覚）理解する力（言語理解）、集中して課題に取り組む力（注意）、大切なことを覚える力（記憶）、習ったことを元に新しい問題に取り組む力（判断・推論）など、学ぶときに必要になってくる力です。まさに認知機能は、学習の土台といえるでしょう。ですので認知機能が弱いと、つまり学習の土台が不十分だと学力を伸ばすことが難しくなり、周囲についていけなくなる可能性が高まるのです。

学習の土台のことを私は運動における基礎体力と同じだと考えています。例えば体育の跳び箱や鉄棒の逆上がりですが、先生がいくらテクニックだけを教えても、もしその子に筋力、持久力、瞬発力、集中力、柔軟性など基礎体力がなければなかなかできるようにはならないでしょう。基礎体力に相当するのが認知機能で、テクニックに相当するのが、先生が学校で教える教科学習、国語、算数、理科、社会、英語の知識というイメージです。

もし、見たり聞いたり、覚えたり、集中したりする認知機能という土台が弱ければ、いくら先生が一生懸命勉強を教えてくれても、なかなか点数につながらないのです。

それでは、その認知機能はどこで身につけるのか。今の学校教育ではそれを身につけるような系統だったプログラムはありません。基礎体力は授業の前に家庭でしっかり身につけてきてください、というのが現状なのです。でも家庭でどうやって身につけるか。ご家族のほとんどはその方法がわからないと思います。学校の先生でも困っているくらいですので。そこでそれを身につける一方法として、次章以降でご紹介するトレーニング（コグトレ）を開発するに至ったのです。

認知機能の弱さは、対人スキルの乏しさにもつながる

認知機能は学習面の土台になるだけではありません。人に興味を向ける（注意）、人の気持ちを考える（推論）、人と対話するなどのコミュニケーション力（言語理解などほぼ全ての認知機能）、さまざまな困った問題に対処するなどの問題解決力（判断）といった、子どもの学校生活にとって必要な力の土台にもなっています。

ですので認知機能の弱さは、対人スキルの乏しさにもつながります。認知機能が弱いこと

で、学校に行きにくくなったり、友だちとうまくコミュニケーションが取れなくなったりして、常にイライラした感情を抱えてしまったりする可能性は十分にあります。つまり、

認知機能の弱さ　≒　学習のつまずき、対人スキルの乏しさ

と考えられます。ですので、社会性のトレーニングにも認知機能も併せてトレーニングする必要がありますが、残念ながら現在の学校教育ではどうしても学科教育が主で、その土台となっている認知機能へのアプローチがほとんどなされていないのが現状なのです。

2　感情統制の弱さ

気持ちをうまく表現できない

次は「困っている子どもの特徴5点セット＋1」の2番目の感情統制の弱さについてです。すぐにカッとしてキレてしまう、自分の感情をうまく表せずストレスを一人で抱え込ん

でしまうといった子たちです。彼らは自分の心の中で何が起きているのかということを、うまく言語化できず、整理することが苦手なことがその原因のようです。少年院でも、怒っても、寂しくても、お腹が空いていても、自分に自信がなくても、何についても「イライラ」するという少年がいました。何かストレスに感じることがあっても感情がモヤモヤしていて、今抱えている感情がどんな気持ちなのか（例えば、怒りなのか、悲しいのか、寂しいのか）が未分化の状態なのです。

きもちの日記

不適切な行動が多く、自分の思っていることを言葉にすることが苦手だった少年に、日記形式で書かせたら自分の気持ちが表現できるかもしれないと思い、「きもちの日記」というものを書かせてみたことがあります。

「きもちの日記」には、「よかったこと」「その時の気持ち」「悪かったこと」「その時の気持ち」の項目を設けました。しかしその少年は当初「何もありません」としか書くことができませんでした。やはり無理なのかなと思ったのですが、でも最低10日間は続けてみようと考え直し、とりあえず続けるように伝えました。

すると10日目以降からビシッと書き始めたのです。どんなことが書いてあったのかというと、「僕はこんなに頑張ってるのに、どうして先生は僕ばっかり叱るんだ」といった不平不満ばかりでした。自分の感じている不満をうまく言語化できないので、ストレスをたくさん溜めていたのです。

我々大人であれば、ストレス発散の方法はそれなりにあります。お金があれば、旅行に行ったり、お酒を飲んだり、グルメを楽しんだり、衝動買いしたりと、いろいろとできそうですが、子どもはお金もありませんし、ストレス発散の方法が限られています。

では、この少年はどのようにしてストレスを発散していたのかというと、毎日のように図書館に通って、小さな女の子を見つけてはトイレに連れていき、強制わいせつ行為を繰り返していたのです。こういった、子どもの中に渦巻くなかなか見えないストレスを上手に発散させないと、大変なことにつながってしまう可能性もあるのです。

五感（見る、聞く、触れる、嗅ぐ、味わう）を通して入った情報が認知に入るときには、「感情」を介します。ですから、感情のコントロールがうまくいかないと、認知過程にさまざまな影響を及ぼす可能性が生じます。大人でも感情的になると冷静な思考が止まって適切な判断がしにくくなりますが、子どもならなおさらです。そのため、感情コントロールの弱さは、さまざまな形で不適切な行動につながっていくのです。

感情の中で特に厄介なのが怒りです。怒りは冷静な思考を止めるだけでなく、さまざまな問題行動につながりやすいといえます。第4章では怒りのコントロール方法もお伝えしていきます。

人の気持ちがわからない

また感情の問題で忘れてはいけないのは、人の気持ちがわからないというものです。相手が今、どんな気持ちになっているのか理解できないと、さまざまなトラブルが生じるのもイメージしやすいと思います。ですので、感情については、自分の気持ちがコントロールできないのか、人の気持ちが理解できないのか、それとも両方なのか、を扱っていく必要があります。

ところで自分の気持ちのコントロールにしても、人の気持ちの理解にしてもいろんなレベルがあります。自分の気持ちについては、

・自分の感情に気づく

・自分の感情がわかる
・言語化できる
・コントロールできる

といったもので、後に行くほど難しくなります。人の気持ちの理解は、
・他者の表情が読める、気づく、わかる
・他者の立場に立てる、気持ちを察する
・他者に共感できる、相手の背景まで想像する
・他者の悩み相談にのれる（問題解決も含む）

といったものです。これも後に行くほど高度になります。いずれも子どもがどの段階でつまずいているのかを把握しておく必要があります。これらのトレーニングは第4章でご紹介していきます。

3　融通の利かなさ

3番目は融通の利かなさです。融通が利かない子の特徴は、何でも思いつきでやっている

ように見えてしまうことです。彼らは頭が固く、融通を利かせることが苦手で、予想外のことが起こるとパニックになることが多いということがあります。

通常、我々は何か困ったことがあったときには、それを解決する方法として、Aの方法、Bの方法、Cの方法というようにいくつかの選択肢が出てきます。しかし、融通が利かない子たちは、たいてい一つの選択肢しか出てきません。ですので一つのやり方に固執《こしつ》してしまい、何度間違ってもまた同じ選択肢を選んでしまうのです。つまり失敗したことからなかなか学べないのです。

例えば、次のような問題があったとします。

「5個のリンゴを3人で平等に分けるのにはどうしますか？」

これにはいくつかの考え方があり、正解は一つではありません。講演会のときに聴衆にお聞きすると、まずは5個のリンゴを3人に1個ずつ分け、残りの2個を何とかして3等分して分けるという人が多いようです。次に多いのが、少し手間がかかりますが、1個のリンゴを3等分に切って、合計15に分けてから、一人5個ずつ配るという方法です。もっと細かい例では、全部、ジュースにしてきっちり3等分するという方がおられました。さらには2個捨てるという少しもったいない回答もありました。いずれも間違いではないと思います。

　では、頭が固い、融通が利かない子たちはどう答えるかといいますと、これを計算問題だと思い込んでしまい、「5÷3ですね」と言って、計算を始めてしまうのです。そして、5÷3＝1.666…と割り切れませんので、

「分けられません」

　と答えます。「いや、そういうことを求めているのではない」と言いたいのですが、その子はいつまでも計算問題から抜け出せず、それ以上、思考が進まないのです。こうした問題の答え方だけをみても、融通の利かなさが原因で、社会でもさまざまなところで苦労してきたのだろうということがよくわかります。

　さらに、そういった子たちに「丸いケーキを3等分にしてごらん」と言うと、例外なく縦に半分に切って、その時点で困ってしまい、横に切ったり、縦に切ったりして、残り半分を二つに分けてしまいます。

「じゃあ、今度は5等分にしてごらん」と言うと、十字に切って4等分するのですが、そこから困ってしまい、斜めにスッと線を入れたり、動かなくなったりしてしまいます。

少年院ではこういう少年たちがとても多く見られ、驚きました。小学校低学年ぐらいの年齢なら、こういう切り方をする子も散見されるのですが、凶悪犯罪を行なった10代の少年たちがこのような切り方をしているのです。切り方がわからず、唸《うな》って悩んでいる姿を見て、世間が思っている非行少年のイメージとは随分と違うと感じるとともに、矯正教育以前にもっとしなければいけないことがあるのではないかと思わざるを得ませんでした。

実はこのケーキの3等分ですが、ある都道府県の一般の中学校の先生から、中学1年生の全生徒にやらせてみたところ、約4分の1が満足な3等分にできなかったといった報告をいただきました。3等分にできない子どもは非行少年だけではなく身近に大勢いるのです。

4 不適切な自己評価

自分のことがわからない

4番目は不適切な自己評価です。あるとき、凶悪犯罪を行なった非行少年たちに「あなたは、自分はどんな人だと思いますか?」と聞いてみますと、驚くことに8割以上の少年たちが「自分は優しい人間だ」と答えたのです。そのことで、この問題に気づくことができました。

彼らが行なった犯罪は、窃盗や傷害など他人に大きな害を与えるものであり、さらに、殺人を犯した少年までいます。それなのに「自分は優しい」と答えるのです。

これは大きな問題だといえます。なぜなら、自分は優しくていい人間だと思っていたら、自分を直そうとしないからです。自分のことを客観的に認識できないと、更生したい、よりよくなりたいという動機づけが生まれてきません。「自分はこんな犯罪をして最低の人間だ。こんな自分を何とかしないといけない」と思い知って、初めて更生したいという気持ちが生じるのです。ですので、こういった不適切な自己認知や自己評価は、看過できない問題だといえます。

ちなみに、そういった彼らに「どういったところが優しいの？」と聞くと、友だちやお年寄り、子どもたちには優しいという答えが返ってきました。要は、自分にとって都合のいい相手には優しいのです。でも、自分に都合の悪い相手には、殺人に至ることもある。そこで、「でも、被害者にひどいことをしているね。それでも優しい？」と聞いてみると、「あ、そうでした。優しくないですね」とそこで初めて気が付きます。逆に言うと、そこまで具体的に指摘しないと気づかないのです。

では、どうして彼らは自分のことがわからないのでしょうか。私が思うに「自分のことを知るためには、相手からのフィードバックが必要」だからです。

みんなが自分にすごく愛想よく接してくれたら「自分は好かれているのかな」と感じます。逆にみんなから不愛想にされていたら「ああ、自分は嫌われているのかな。何かまずいことしたかな？」と感じます。つまり周りの人たちの自分に対する接し方など、フィードバックを受けて初めて、自分がどのような人間であるかを、認知するようになるのです。

相手からの評価があって初めて自分がわかるようになる、ということです。もし無人島で一人暮らしをしていたら、自分がどのような人間なのか、わからないでしょう。

ところが、相手が笑っているのに怒っているように見えたり、怒っているのに笑っているように見えたりなど、認知機能が弱い状態では自分へのフィードバックを正しく認識することができません。そのために、自分のことがよくわからなくなってしまうのではないでしょうか。自分を正しく知るにも認知機能が関わっていると考えられるのです。

彼らのような少年が自分のことを正しく知るためには、１対１の個人面談やカウンセリングだけでは、上下関係や力関係もあってなかなか難しいと感じています。そこでグループワークを利用します。グループの中でやり取りを続ける中で、自分がどういう人間なのかに次第に気づいていくことを期待しています。これも次章以降でご紹介します。

5 対人スキルの乏しさ

５番目に挙げたのは、「対人スキルの乏しさ」です。

少年院に来た少年たちが、必ず行なわなければならないのは、社会で生活する上で必要な、基本的な対人スキルを身につけるための練習です。

やはり対人関係のトラブルは大きなストレスになります。対人スキルが乏しく、「相手の気持ちに立って考えられない」「思ったことをすぐに言ってしまう」といった少年たちが、社会では相手を不快にさせたり、本人も他者に流されたりと、いろいろなトラブルを生み出すことも多かったようです。また集団の中で生きづらかったことは容易に想像できます。学校教育で身につけられてこなかった分、相手に対してコミュニケーションを円滑に行なう最低限のマナーを一からトレーニングし直さないといけなかったのです。

また現在、日本ではサービス業が就労人口の約7割を占めています。対人スキルが乏しいと、サービス業の仕事をこなすことが難しくなるでしょう。そうかといって、第一次産業、第二次産業で、対人スキルが乏しい少年たちが仕事をできるかといえば、そうとも言えません。大昔に「職人」と呼ばれた人には、対人スキルがあまり問われなかったのかもしれませんが、今は職人に限らず対人スキルは誰にでも必要なのは自明のことです。世の中のニーズが多様化し、目まぐるしく変化する時代、そのニーズに応えてマーケットに求められる製品を作るためには、商品を売る人たちとのコミュニケーションが不可欠です。

また、対人スキルが乏しいと、犯罪に巻き込まれるリスクだって上がります。不良グループから犯罪行為に誘われて、しっかり断ることができないと、犯罪に利用されることにつながり、加害者になるリスクがあります。反対に、イジメや恐喝《きょうかつ》に遭《あ》っても助けを求めることができないと被害者になるリスクだってあるのです。そういった意味でも対人スキルを向上させることが大切です。

しかし、他人に対して効果的に自分の言いたいことを伝える、相手の状況を把握して発言するといったコミュニケーション力を身につけるのは、とても難しいことです。なぜなら我々でもコミュニケーション力に自信があるとはなかなか言えないのですから。

ただ、コミュニケーション力はいくつかのスキルから構成されています。その一つが頼み方、お礼の言い方、謝り方、断り方といった、具体的なマナーです。これらをここでは対人マナーと呼びます。これらの対人マナーは練習すれば比較的速く上達しますので、まずはそのスキルを練習するのが効果的でしょう。断り方にしても、「そんなの、やだよ」と断る場合と、「いや、こんな事情があって……」と言ってお断りするのとでは、相手の受け取り方が全く違います。そうしたことを学んでいくのです。これも第４章でご紹介します。

6 ［＋1］身体的不器用さ

最後は＋1の身体的不器用さです。これは意外と見逃されがちなのですが、身体的不器用さがあると仕事をスムーズに進めることが難しくなります。勉強が苦手な子は、頭を使った仕事は難しくなりますので、身体を使った肉体労働に就くことが多く、少年院を出た少年などは特に建設現場で働くことが多いのですが、その場合、身体の使い方が不器用だと、働き続けることが難しくなります。

例えば、いろいろな資材を運ぶときに運び方や持ち方が危なかったら、親方から怒鳴られます。仕事がうまくいかない、親方には叱られるということで、嫌になって1か月ぐらいで辞めてしまいます。するとお金がなくなり、再非行にもつながりかねません。

また、不器用さには「力加減ができない」という特徴もあります。友だちに少しちょっかいをかけようとしただけなのに、力加減を間違えて、大けがをさせてしまった。夜になって警察が来て傷害事件で逮捕された、といったケースもありました。

身体への支援も大事なところですので、第4章でそれらの効果的なトレーニングをご紹介して参ります。

第3章

非行少年たちへのトレーニング

大学病院で自由な時間ができてしまった

本章では、私が少年院で出会った「困っている子どもの特徴」をもつ非行少年たちに対して、どのような経緯で少年院でトレーニングを導入し、行なってきたのかを述べたいと思います。

最初のきっかけになったのは、大学病院で研修医をしていた時期にかなり自由な時間ができたことでした。私が大学病院の精神科病棟で研修中のとき、ある患者さんの診察で私が効果的だと思ったやり方を試したことがありました。今でこそ、そのやり方に近いものも使われ始めていますが、その当時としてはあまりに突拍子もないと上級医に判断され、それがもとで約1か月間、患者さんの担当を外されてしまったのです。

その間、新しい患者さんを全く担当させてもらえず、いわば干された状態でした。同期の研修医たちが6～8人担当患者をもち「忙しい、忙しい」と口元を緩めながら充実した学びの時間を送っている中、私の病棟での担当は、干される前に担当していたアルコール性認知症の患者さん1名だけでした。その方も症状は落ち着いておられたので、朝9時過ぎに話を聞きに行くとせいぜい10分で私の仕事は終わりました。その後、17時までやることが何もなくなったのです。

やっと医師になれ、念願の医師生活がスタートした矢先です。こんなはずではなかったと思いながらも誰にも言えず、時間を持て余し、夕方まですることがない。とても惨《みじ》めな気持ちになりました。

でも、いつまでも沈んでいても仕方ない、この機会に何かを勉強しようと気分を切り替え、医学部附属の図書館に朝から夕方までこもることにしました。唯一担当のアルコール性認知症の方はまだ60代でしたが、長年の飲酒で認知機能がかなり低下していたので、せっかくなので認知症の検査に詳しくなろうと思い、ひたすら認知機能に関する検査について調べていました。

その中でRey の図や立方体模写などを含めた様々な神経心理学の検査について勉強したのです。それからは神経心理学に強い興味を覚え、精神科医でなく神経内科医に鞍替《くらが》えしようと、1年いる予定だった大学病院を半年で辞めて、神経内科を学べる病院を紹介してもらい、そこで働くことにしたほどでした。そこで学んだことが非行少年の認知機能の弱さに気づくきっかけになったと思います。

その後、しばらく新たな病院で神経内科の勉強をさせてもらい、多くのことを学ばせていただきましたが、考えるところもあり結局、精神科に戻ることにしました。

子どもに Rey の図を描かせた医師はいなかった

精神科に戻ってからは、公立の精神科病院で児童精神科医として、発達障害の子どもたち、虐待を受けた子どもたち、不登校の子どもたち、思春期の子どもたちの治療に携わることとなったのですが、ある発達障害の子を診察しているときに、ふと「この子たちに認知症検査用の立方体や Rey の図の模写をさせたらどうなるのかな」と思い、それらの図を描かせてみたことがありました。すると上手く描けないのです。その子以外にも試してみましたが、できない子が数多くいました。そこで認知機能に問題がある子どもの存在に気づくこととなりました。

当時勤務していた精神科病院は西日本を代表する歴史のある有名な病院で、児童への治療も積極的に行なっていた、いわば基幹病院でした。あまりに予約が殺到し、一時は初診まで4年待ちという異常な状態までになっていました。しかしそのような病院であっても、認知機能の弱さの観点から児童の診察をしていた医師は誰もいませんでした。通常は発達検査、知能検査で知能水準がどのくらいかを調べるところまでしか行なわれません。自閉スペクトラム症などの疑いがあるときは、子どもの「こだわり」や感覚過敏、コミュニケーションなど、いくつかの特徴をもとに診断します。しかし、子どもに立方体やReyの図を描かせてみて認知機能のアセスメントをしてみる、といった試みまでしていた医師はいなかったのです。

その後、少年院で勤めるようになってからも少年たちに同じようにやってみたところ、それこそ驚くような結果ばかり出てきました。そしてそれが彼らの非行の原因の一つになっていることに気づき、認知機能に特化した何らかの対処が必要だと確信したのです。

使える教材がなかった

しかし、少年院の少年たちの認知機能の問題に対処すると一口に言っても、まず何から始めればよいのかわからず、手探り状態でした。その当時は子どもに対する認知機能の検査すら国内でもまだあまり知られておらず、認知機能のトレーニング法などほぼ見当たりませんでした。

いろいろと模索していましたが、あるときふと精神科病院でのことを思い出しました。患者さんの保護者に「この子に模写させるとこのような図になるんですよ」と模写ができていない図を見せると、その保護者が大変悩まれて「先生、こんなドリルがあったんですけど、これをやらせたらどうですかね？」とある教材を持ってこられたのです。それは、昔からある点つなぎの教材でした。私はその教材を見て、こういった模写のドリルがあったのか、難しいものでなく、まずはこのような教材を少年たちにもやらせればよいのではと気づき、教材を買い集めることにしました。

点をつなぐ、数を数えるといった教材は、いろんな出版社からバラバラに数多く販売されていました。そこで少年院の教育の担当者と一緒に、最初はまちがい探しや図形の模写など、各々の課題ごとに教材を買い込んで少年たちに取り組ませてみると、少年たちの顔つきや行動が少しずつ変わっていくのがわかったのです。「これは効果がある」と直感しました。それで最初のうちは少年院側に頼んで市販教材を大量に購入してもらい、一部は自費も投入しながら、ひたすら少年たちにそういったトレーニングを続けていたのです。

ところが、このやり方を続けていると、費用がかかって仕方ありません。教材費におよそ一人2万円程度が必要で、当時は1グループ平均12人で1クール4か月をかけてやっていましたがそれだけでも24万円かかりました。それが年に3クールもやっていたら、80万円ぐらいあっという間になくなってしまうのです。さらに、それだけ集めても認知機能全てのトレーニングをカバーできませんでした。

もっと安くて効率のいい教材はないか。日本のみならず英語圏の教材なども含め、適切な教材を探していましたが、これといったものがなかなか見当たりません。1年くらい後、とうとう「これは自分で作るしかない」と腹をくくりました。

世の中の認知機能を鍛えるトレーニングを調べて開発

まずは、参考となる教材の問題集めから始めました。世界中のさまざまな認知機能を鍛えるトレーニングを調べ、それらをヒントにして、子どもたちが使いやすいように分類しまとめ、自作したのが、コグトレの「最初とポン」や「さがし算」「くるくる星座」など独自のワークシートでした。

どのようなシートなのか、詳しくは次章で具体的に述べますが、「最初とポン」は、リスニングスパンテストというものを参考にしました。これは、おかしな内容の混じった文章をいくつか聞かせ、各文章の最初の単語だけを覚え、文章の正誤を答えるという課題です。おかしな内容の正誤判定の代わりに、動物の名前や食べ物の名前が出てきたら手を叩くようにアレンジしました。

「くるくる星座」や「さがし算」「あいう算」などはオリジナルです。「くるくる星座」は当時凝《こ》っていた天体観測で、天体望遠鏡の接眼レンズ部分が、クルッと回転して見にくくなったのがきっかけでした。

「さがし算」は、一方向の計算ドリル（3＋8＝？など）で計算嫌いになっている少年が多い中、何とかゲーム感覚で取り組める課題が作れないかと考えました。この「さがし算」は格子状に並んだ数字配列の中から、近接した二つの数字を足して例えば11になる組み合わせをさがすという課題です。答えがその中にあることから計算嫌いな子どもでもゲーム感覚で楽しめ、暗算力、処理速度、ワーキングメモリ、計画力の四つの力を同時につけていける課題になっています。

「最初とポン」「何が一番？」「何があった？」といった課題は聞いて覚えるのですが、見て覚える課題も必要でしたので「○はどこ？」という課題を作りました。4×4のマス目に赤い丸が2〜3個書いてあり、その位置を覚えてもらいます。それが3枚入れ替わります。○の場所がそれぞれ違います。その3枚を順番に解答用紙に書き写すという課題です。これは視空間ワーキングメモリを鍛えていくための課題です。出てきた順番に位置を覚えるという空間と時間的な経過もあります。

「何があった？」はある図形を10秒ほどパッと見せて、同じ図形を描かせるという覚える課題ですが、簡単な図形ではなく、ちょっと癖がある図形です。その図形をしっかり覚えるためには、形の特徴をしっかり摑む力と、覚えるための工夫（記憶の方策）が必要です。そこを鍛えていくようになっています。

格子状の点に描かれた見本の図を、同じように直線でつなぐ「点つなぎ」は真似ることの基本の基本です。また直線をつなぐのはうまくても曲線を写すのは苦手な子もいます。ひらがなは曲線が多いですので、そういった子に対応させるため曲線をつなぐ練習も必要だということで「曲線つなぎ」も用意しました。

さらに、写すにしても書き写すだけではなく、あるルールに従って書き写すという訓練も必要です。そこで上の図を下に写すとき、ある記号を別の記号に変換して写すという課題も入れました。写すとき、図の位置関係を理解しないといけないのが「くるくる星座」です。考えながら写すという課題です。

このようにそれぞれの認知機能の役割を落とし込みながら、一つひとつ課題を開発していきました。私の恩師の精神科の先生に「今、こんな課題を作っているんです」と見せてみると「こういうの入れてもいいのでは」とアドバイスをいただくこともありました。例えば

「点々の中から形を探す恒常性（見る角度が違ってもその形であると認識できること）の課題を入れたほうがいいんじゃないか」と言われ、そのご意見を取り入れ「形さがし」を作成しました。

そういった経緯のもと、医療少年院での仕事以外の持てる時間をほぼ全て教材の開発に投入し、そして非行少年たちの特徴を知ってから約5年の期間を経て、一般向けのテキストが完成しました。名前は、認知機能がCognitive Function（コグニティブ・ファンクション）で、それに特化したTraining（トレーニング）ということで、頭文字を取って「コグトレ」と命名しました。命名当初は少年たちの聞き間違いが多発し、真面目な顔で「ゴクトレ」とノートに書いていた少年たちもいました。要は獄中でするトレーニング、「獄トレ」と思ったようです。

「カブトムシ」って食べ物!?

そもそも少年院の中だけで使用するはずだったワークシートをコグトレとして一般向けにも出版するきっかけとなったのは、私が講師を務めた講演会でした。その場にある出版社の方が来られていて「ぜひ書籍にしたらよいと思います」と声をかけてくださいました。

しかし、今ならイラスト作成なども出版社にお願いできるのでしょうが、まだ売れるかどうかもわからずイラストレーターに頼む予算まではなかったようで、仕方なく文章作成ソフトのワードを使って全て私が手作りすることとなりました。それをＰＤＦに変換して、そのままＣＤ－ＲＯＭに入れたという感じです。

枚数は８００枚を超えています。その第1号となるのが、２０１５年に発刊された『コグトレ　みる・きく・想像するための認知機能強化トレーニング』（三輪書店）でした。表紙の脳のマークやコグトレのロゴマークも自分で考えました。

この本には初めての単著ということもあり、いくつかの思い出があります。「最初とポン」で、動物の名前や食べ物の名前が出たら手を叩くという課題を作っていたときのことです。食べ物ではないという前提で問題文にカブトムシを入れていたところ、編集担当者が「カブトムシって、海外のどこかの文化で食べることがありますよ」と言うのです。イナゴも食す地域がありますから、カブトムシも食べないところがないとは言い切れません。でも普通に考えればカブトムシを食べ物とは思わないはずです。そのときは「妙に細かいな」と嫌な予感がよぎりました。

また、この本の執筆作業では、ワード上で台紙を用意し、そこに問題をパソコン上でペタペタ貼っていく作業を繰り返し行なってきました。最初に「この台紙のレイアウトで作っていくので、もし変更すべき点があったら先に言ってください。後で変更するのは不可能ですから」と言っていたのですが……。何百枚も作った後に、担当者から「いや、でもここの部分のレイアウトがちょっとズレて」などと言われ、嫌な予感は的中しました。結局、2回ほど全部最初から作り直し、数千回の作業をすることになりました。お陰で右腕に腱鞘炎《けんしょうえん》のような症状が出てきたのと、買って間もなかった新品のパソコンが1台壊れました。当時持てる時間の全てをテキスト作りに費やし、作り始めてから2年後、ようやく刊行されました。

しかし値段が高かったら広まらないと思い、とにかく値段を下げてほしいと出版社にお願いしたところ、度量の広い社長は理解してくれました。さらにCD-ROMにはコピーガードなどを付けないという希望を受け入れていただきました。みなさんに、まず広く使っていただくことが大切だと考えたのです。

800枚のシートが入ったCD-ROMがついていて、学校に1冊あればみなさんで使えます。子どもたちの可能性を伸ばす上で少しでもお役に立てば、私のそのときの苦労も報われそうです。

トレーニングを少年院で始める

私が勤めた医療少年院は法務省の管轄で、どちらかというと保守的な施設だといえます。それまで常勤精神科医が不在だった施設で従来の矯正教育がなされている中で、私が勤務し始めただけで職員からは「研究目的で来たのか？」といった半信半疑な視線も浴びました。さらにコグトレという何やら怪しげなトレーニングをし始めたというので、いっそうその疑惑を強めたのではないかと思います。

実際にトレーニングを少年たちに試行していると、陰で「少年たちは嫌がっている」「教官もやりたくないと言っている」といったネガティブな発言も教官の中で聞かれました。そこでまずは現場の教官に必要性を訴えようと思いましたが、全く効果なしでした。余計な仕事はやりたくないといった気持ちもあったのでしょうか、実際には誰も一緒に動いてくれません。仕方なしに職場の人の動きを観察していると、ある古株の教官の言うことならみんな聞いていることがわかってきました。院長や幹部職員は1～2年で交代するのですが、何十年もいる教官のほうが実際は権限もあり、〝影の院長〟と呼ばれていたほどです。

そこでまずはその〝影の院長〟と話をしてみることにしました。次第に気心も知れて、少年たちの実情と必要なトレーニングなどについても繰り返し話すうちにわかってくれ、やがて「わかった。俺がみんなに言ってやろう」と言って下さり、トレーニングの導入がうまく進んだのです。

また現場の責任者であった当時の首席もとても理解があったので、矯正教育の取り組みを発表する矯正教育学会という場で発表する機会もいただきました。その発表で、少年院の中の賞をいただくなど評価も高まり、それを機に徐々に広がっていきました。その少年院では、今でも教育の目玉の一つの取り組みとしてずっと続けてもらっています。

やる気のない子がやる気になったあるきっかけ

しかし少年たちへのトレーニング自体は最初はうまくいきませんでした。12人のグループで取り組んでいましたが、半分以上はやる気がなく、全くそっぽを向いてしまっている少年もいました。賢くなるためのトレーニングなので、少年たちも積極的に取り組んでくれると思ったのですが、私の考えが甘かった。よくよく考えればもともと勉強が嫌いな少年たちです。そのうち最初は真面目に取り組んでいた少年までも「こんなことをしていても意味がないのでは」と言うようになってしまい、場が白けてきました。一緒についていた教官も何も注意してくれません。せっかくいろんな方に協力してもらってトレーニングを実施するところまでこぎつけたのに、肝心の少年たちがこれではと、焦りと不安が湧き上がってきたのです。

今から思うと動機づけのところが完全に抜けていたと思います。私は「これ以上続けていてもだめか」とあきらめかけました。「ほら、やっぱり彼らには無理だっただろう」と得意げに言うだろうなと思われる何人かの教官の顔も浮かんできました。

嫌気が差してしまい、あるとき、騒ぐ少年たちに向けて投げやりな気持ちで「じゃあ、誰か前に出て代わりに先生をやって」とダメもとで少年たちに投げかけたのです。きっと「いや、いいです」と答えるだろうと予想していました。しかし、少年たちが驚きの行動を起こしました。それは私の今の支援の方針に最も影響を与えた出来事の一つでもあります。

今までやる気のなかった少年たちが「僕にやらせてください」「僕がやりたいです」と言って、先を争って前に出てきたのです。それまでは私が前で指導する形をとっていたのですが、少年たちが先生役になった瞬間、やる気のなかった少年たちが一気にやる気になったのです（もちろん全てを少年たちにやらせたわけではありません。説明にポイントが必要なところは私が補足しました）。

少年たちが先生役をする形を取り入れると、食いつきがこれまでと全く違うことがわかりました。当時は1回80分を、週2回実施しました。その他の日は自習で課題をやらせていて、できた順番にハンコを押していくのですが、「ここまでできた！」と言って、みんなで競い合っているのです。できる少年は、自分がどんどん進んでいくから自信をもつようになり、わからない少年に教えてくれるようになりました。

私がここで学んだことは、「人が喜びを感じるのは、人の役に立てること」ということです。これは非行少年に限らないことです。教えられるより、誰かに教えたい。人は誰かに何かをやってもらうより、自分が誰かの役に立てることのほうが喜びや幸せを感じるのだと思います。

わからないことが理解できなかった

少年たちに先生役を担ってもらうことで、もう一つ、大きな発見がありました。私がある課題について解き方をある少年に教えても、なかなか理解してもらえないことがありました。私も、彼がなぜそのような簡単な課題がわからないのかが、理解できなかったのです。

それは積み木を積んだ図形を、横から見るとどう見えるかということを想像させる課題のときのこと。授業中にある少年が「どうしてもわからない」と言うので、私は、実際に積み木を用意し、実際に積んでみて、横から見せてみましたが、それでも「全然わかんない」と言うのです。「どうしてわからないのかな」と何度も言っていると、突然その少年は顔を真っ赤にしてポロポロとみんなの前で泣き出してしまったのです。傷害事件を起こして入ってきた高校生年代の少年でした。

泣き出した様子を見たとき、ハッとしました。「すごく傷つけることを言ってしまった」と。社会では凶悪な事件を起こしているような少年たちでも、わからないことがそんなにもつらいことなのか、と知ったのです。

今思えば、私は自分がわかっているから「こうだよ」と当然のように一方的に教えていたのでしょう。少年たちの中には、わかっているふりをしている少年もいたはずです。本当は「わかっていない」という事実に向き合うのは、本人にとってとてもつらいことなのです。そしてわかっていないことを正直に口に出すことは、さらにつらいことなのだとも知りました。

役に立つトレーニングだから少年たちにやらせると喜ぶだろう、と私は勘違いして、結果的に少年たちを精神的に傷つけていたのです。それまで少年たちの特性を理解したつもりになってトレーニングを作り、得意になっていた自分を恥じました。まだまだ彼らのことは知らないことばかりでした。どんな教材でも、いかに少年たちのニーズに合わせ、必要なところに使うかというところがとても大切だったのです。

少年たちで教え合うほうが理解が進んだ

では、この少年にわかってもらうためにはどうすればいいのか。あれこれ考えたのですが妙案がなく、ダメもとで、すぐに解けた少年に彼に教えるように頼んでみました。しかし彼の教え方はとても回りくどく、私にはさらに理解しにくいものでした。「やはりだめか……。それでは余計にわからなくなるよ」と思ったのですが、なんとそれまで泣いていた少年が「あー、そういうことだったのか」とあっさり理解したのです。

きっと同じところで理解に苦しんだ経験のある少年たちには、相手がどこでつまずいているのかが我々よりもわかっているのだと思います。また相手が同じ立場でもあるので、素直に言おうとしていることをスーッと吸収することができるのかもしれません。

大人の視点で考えれば、同じ立場の少年に教えられてばかりだったら、恥ずかしくなり、すねたり、やる気を失ったりするのではないかと心配するのですが、私の経験上そのようなことは一度もありませんでした。逆に「教えて、教えて」という感じで、お互いとても楽しそうにしているのです。教える側の少年も、そのことで自分の理解も深まりますし、相手にわかってもらえると嬉しそうにしています。この発見も大きな収穫でした。

「僕はバカには自信があるんです」

トレーニングに取り組む前と取り組んだ後を比べると、少年たちは模写の絵がうまくなった、集中力がついた、教官の指示が一度でわかるようになったなどの変化が見られてきました。何より少年たちが生き生きするようになってきました。

こんなこともありました。私が少年院の寮の中を歩いていたとき、何人もの少年たちが「僕もコグトレに入れてください」と声をかけてくるのです。勉強が苦手な子に対してコグトレというものが行なわれているということを聞いたようで、ある少年が言うには「僕はバカには自信があるんです。ぜひ入れてください」と。彼はトレーニングをやっている少年たちが、何か楽しそうにしている姿を見て、自分も参加したいと思ったようです。

当初は一人だけで、まさに手探りの状態で始めた非行少年へのトレーニングですが、このようにして少年院で徐々に浸透していきました。

社会面のトレーニングも必要だった

もちろん少年院の非行少年たちには認知機能の弱さだけが問題になっていた訳ではありません。社会性のトレーニングももちろん必要なのは当たり前のことで、前章で述べたように、感情面や倫理面、問題解決能力、コミュニケーション力などさまざまな課題がありました。

それまで少年院ではソーシャルスキルトレーニングをベースにした対人面のトレーニングや、職業訓練として就活における面接の際に必要なスキルのトレーニングなどのプログラムが整備されていました。しかし、彼らの認知特性に合ったものではなく、少年たちは内容を理解できていない上に、講義形式のものばかりで、最後には「君はこういうことが苦手だから社会で困らないように、しっかり身につけるように」といった締めくくり方で、具体的にはどうすればいいのか、結局、不分仕舞《わからずじまい》で終わっていたのでした。彼らの苦手なところはよくわかるのですが、「ではどうすれば？」と少年たちもますます不安になっていたのです。

私はこれではまずいと感じ、5点セット＋1に対応するプログラムをいくつか作成し、授業のコマを持っていた担当教官にお願いして試行させてもらったり、少年たちの居室を回って個別に取り組ませたりしました。それが次に紹介するグループワークや、次章で紹介する段階式感情トレーニング、段階式問題解決トレーニングなどです。

グループワークで他者を知り自分に気づく

プログラムを実施する上ではグループワークを最大限に利用しました。診察場面やカウンセリングでは、1対1ですから、どうしても立場の違いが生じます。でもグループワークは、基本的には参加者同士は対等な立場ですのでいろんな本音が出るのです。それだけではなく他の少年の考え方も聞くことで、反面教師になる場合もあります。

グループワークにもいろいろな種類があるのですが、私は価値観ゲームというものをよく行なっていました。価値観ゲームは、例えば、「生まれ変わるとしたら、犬がいいか、猫がいいか」「男に生まれるか、女に生まれるか、どっちがいいか」といったような正解がない問題をみんなでディスカッションするのです。また単に「犬」「女」とだけ答えるのではなく、どれだけ思うかの強さを数値化します。

例えば、犬に生まれたい人は右側、猫に生まれたい人は左側に配置するスケールを作ります。真ん中をゼロにして、絶対に犬（猫）に生まれたい場合を100として何%ぐらいかということを言わせ、そこにその子らの名札を貼っていくのです。すると、犬派、猫派、中間派に分かれます。

分かれた後、みんなでディスカッションをします。何を議論するのかというと、互いに自分のほうに宗旨替《しゅうしが》えするように説得するのです。犬派なら、なぜ犬がいいのか、なぜ猫は嫌なのかをあれこれ訴え、相手を納得させようとします。相手の言葉で気持ちが動いたら、「何%動きました」と言って、名札の場所も移動します。この和気あいあいとした議論の中で、参加者は相手を通して自分のことに気づくようになるのです。

グループワークの進行役は、とにかく参加者をリラックスさせることが大切です。それがグループワークの成功の鍵だといってもいいくらいでしょう。リラックスすれば、参加者ものびのびと思っていることをしっかり発言できるようになります。そういう場であれば、非行少年たちも自分の考え方をポツリポツリと吐露することがあるのです。

性非行少年たちへの価値観ゲーム

価値観ゲームは、性加害再発防止プログラムの中にも入れていました。最初は先ほどの例のように差しさわりのないテーマで行ないますが、リラックスした後、性犯罪のテーマを使ってディスカッションさせます。

問題の一例として、

「深夜にミニスカートをはいて一人で出かけた女性が性被害に遭いました。その女性は悪いか、悪くないか」

というものがあります。それを、0か100かで考えさせるのです。その事件に遭った女性が全く悪くないときが0%、全ての原因がその女性にあるときが100%とします。例えば女性が20%という答えの場合は、その女性にも少し悪いところがあるというイメージです。そして、どうしてその値を選んだかの理由も訊いていきます。そこで出てくる理由はさまざまです。

このゲームを行なうことで、参加者が性に対してそれぞれどんな基準、価値観をもっているかということがよくわかるのです。

なかには、女性が100%悪いと言う少年もいます。自分が性犯罪を起こしたのに、「相手が100%悪い」と思っている。すると周りは「それは変だな」と気づいていくのです。

模範解答はありません。もしグループのリーダーや進行係が模範解答を言ったら、それが正解だと少年たちは思ってしまうので、「答え」のようなものは言わないように進めます。

いろいろな意見を聞いて、「あ、そうか。そういえばそういう意見もあるな」と思って気持ちが動いていくということが目的なのです。

この価値観ゲームは、性の問題以外にも、さまざまな問題に対する人の価値観や自分の価値観を知るうえでとても有効だと思います。

自分のことを知るのはしんどいこと

ところでみなさんは、ご自分がどんな人間か知っておられるでしょうか。自分のことは知っているようで、実は知らないことが多いのです。人のことはあれこれ言っても、じゃああなたはどうなの？と聞かれたら、戸惑う方も多いのではないでしょうか。「いや、自分には自信がある」という方もおられるかもしれません。しかしたいていの人は、年を取るにつれて自分の限界がわかってきて、理想と現実の自分との違いがはっきりと見えてきます。そのころがちょうど心理学者ユングのいう中年の危機でもあります。自分の現実に直面させられると、どんな気持ちになるでしょうか？　自分を知るというのは、実はしんどいことでもあるのです。

基本的に自分のことはあまり知りたくないという気持ちを誰もが持っていると思います。

自分のことを知るのは、ある意味、怖いことなのです。「自分のことがわからないのに、人のことをわかるはずがない」と思われがちなのですが、実際は全く逆です。人のことはわかるが、自分のことは知りたくないからなかなかわからない、というのが本当のところではないでしょうか。

しかし、非行少年たちにはしっかりと自分に向き合ってもらわないといけません。ですが、いきなり自分に直面させると心を閉ざす可能性もあります。そこで少年たちに自分のことに向き合う前に、まずは他者の姿を見て他者を知るというワークから始めるほうがいいと考えました。そこでもグループワークが有効でした。

グループディスカッションをしてみると、「あいつ普段あんなこと言っているのに、実はこういう意見なんだ」とか、「この意見であの人は動くんだ」とか、いろいろな人たちの考え方や行動の理由を知ることができます。逆に、自分の意見を言ったときの周りの反応で、ふと「自分ってひょっとしてこういう人間なのかな」と気づいていくのです。「あいつと同じ考えをしているということは、あいつと似ているのかな」など、さまざまな人たちを見ながら、自分のさまざまな価値観を発見し、自分にだんだん気づいていくというプロセスです。

自分の意見や気持ちを表現することはなかなかしんどいものです。面と向かって「今どんな気持ち？」と聞かれても言いにくいでしょう。言ったとしても本心と違うことを言うかもしれません。安心してしゃべれるツールや仕組みが必要なのです。その一つがこの価値観ゲームなのです。

身体面のトレーニングも必要だった

医療少年院の非行少年たちが、かつてアルバイトや仕事を頑張っていたにもかかわらず、手先が不器用という理由で解雇されたり、力加減ができずに傷害事件につながったりしたケースが散見されました。彼らを社会に復帰させるために、その身体的な不器用さを何とか改善できないかと考えたのが、不器用な子どもへのトレーニングを開発するきっかけとなりました。

「スポーツで健全な精神を養う」といっても、ではスポーツが苦手な子やスポーツ嫌いな子はどうするのでしょうか。これまで身体的に不器用な子どもたちに対して学校ではどういう対応がなされてきたかというと、系統だった体育の特別支援教育などがなかったため、適切な対処がされてこなかった経緯があります。

私がいた医療少年院では身体的不器用さへのプログラムがあることはあったのですが、聞いたことのない療法で、インターネットで調べても何も出てきません。製本されたテキストもなく、いつ誰が作ったかもわからないコピーされた古い紙の冊子があるだけでした。担当教官もその目的や理論的背景を全く知らないまま、その冊子を参考にして続けていたのでした。

私が少年院に赴任した際、真っ先にこの訳のわからない療法の代わりになるプログラムを作らねばと考え、広島大学で作業療法の教授をしており、身体的不器用さの改善について認知機能を関連させ、専門的に取り組んでいた私の兄に協力してもらうことにしました。大阪の別の大学の作業療法士の２名の先生にも週１回１年強、少年院に通っていただき、少年たちの不器用さの特徴を観察しながら、彼らが社会で身体を使った仕事に就く際に必要なプログラムを少しずつ共同で作成していきました。それが身体面のコグトレである「認知作業トレーニング」です。これも次章でご説明します。

第4章

困っている子どもたちへの具体的支援

社会面、学習面、身体面の3方向からの包括的支援

ここからは、前章の少年院での取り組みから得たヒントをもとに作成された、各種の具体的な支援プログラムをご紹介していきたいと思います。非行少年に限らず、子どもたちの支援で何が必要かと考えたときに、先の三つ、つまり、社会面、学習面、身体面の支援だと考えます。保護者支援や経済的支援は別として、子どもへの直接的な支援は、この三つで網羅されるのではないかと思います。

大人からすれば、最終的には社会性を身につけてほしいといった視点から、どうしても社会面の支援に目が向きやすくなりますが、子どもは毎日学校に勉強しに行っているわけですし、もちろん健全な身体作りも欠かせません。学習面では、勉強についていけないことで、怠学《たいがく》し非行に走ることもありますし、また、身体が不器用なことで、例えば体育のときなどにそのことがみんなに知られてしまい、いじめの対象になることもあります。つまり学習面、社会面、身体面のいずれも疎《おろそ》かにすることはできないはずです。

では、今の学校教育は、この3方面の支援に対してどのように対応しているのでしょうか。学習面では、確かに教科学習はしっかり教育されていますが、では、学習の土台とな

る、覚えたり、見つけたり、聞いたり、想像したりといった認知機能の支援は、いかがでしょうか。系統的な支援がなされているとは言い難いと思います。

また、社会面の支援に該当するのは、道徳（特別の教科）、総合的な学習の時間、特別活動の授業になります。しかし、道徳や総合などの授業だけで果たして社会面の支援が十全なものになっているでしょうか。集団生活の中で子どもたちが自然に身につけていければよいのですが、発達上のハンディなどがあれば、学びにくいところがあると思います。

身体面はいかがでしょうか。体育における特別支援教育に相当するような系統だった授業があるのかというと、そうしたものは見受けられません。

ですので、今の学校教育では、困っている子どもに対して十分に対応するのがなかなか難しいところではないでしょうか。それに対応するのがこれからご紹介するコグトレです。

コグトレは少年院で得たヒントをもとに子どもたちに生きるための底力をつける支援プログラムとして開発されました。コグトレとは認知○○トレーニング（Cognitive ○○ Training）の略称であり（○○には順に、ソーシャル、機能強化、作業が入ります）、①社会面：認知ソーシャルトレーニング（Cognitive Social Training：COGST）、②学習面：認知機能強化トレーニング（Cognitive Enhancement Training：COGET）、③身体面：認知作業トレーニング

図4－1　コグトレの概念図

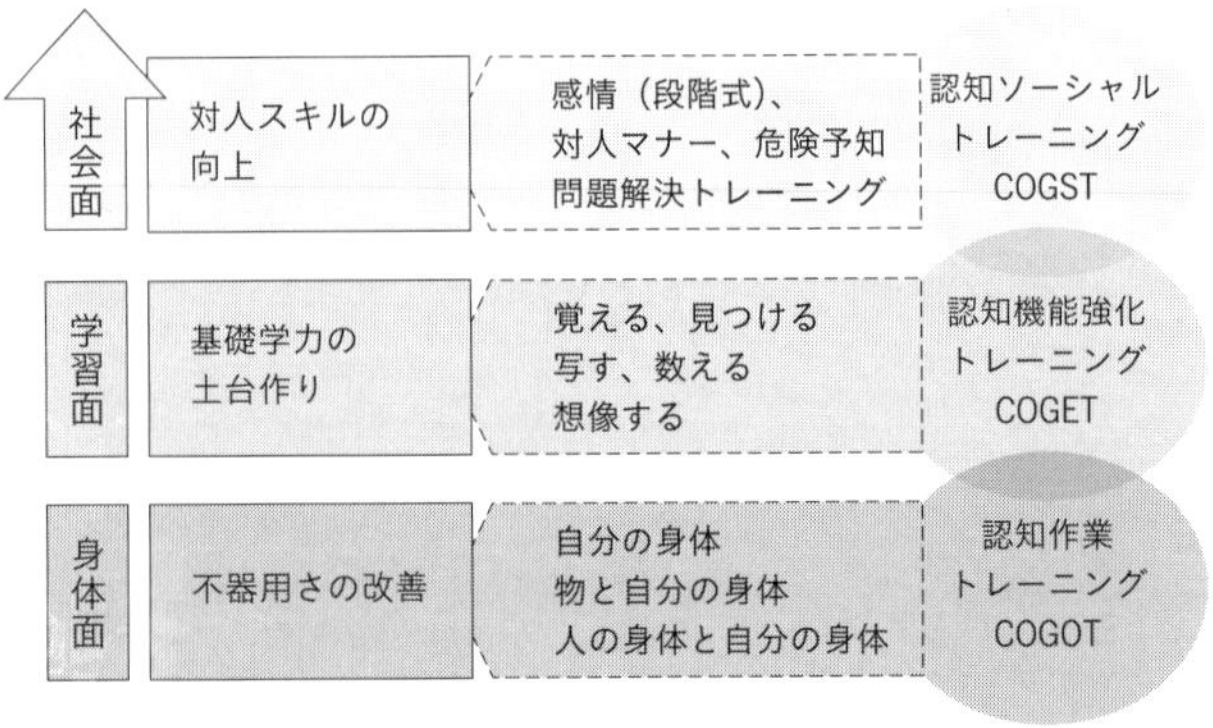

（Cognitive Occupational Training：COGOT）の3方面からなる包括的支援プログラムです。

特別なことをしているのではありません。困っている子どもに対して、今の学校教育で抜けているところを補うプログラムなのです。

現在は少年院といった矯正施設よりも学校現場において、子どもたちへの早期支援として幅広く使用されるようになってきました。

以下、順に概要を説明していきます。

なお、コグトレは、困っている子どもの5点セット＋1の特徴に対応しています。

1　認知機能の弱さ　→　学習面のコグトレ
2　感情統制の弱さ　→　社会面のコグトレ
3　融通の利かなさ　→　社会面のコグトレ

4　不適切な自己評価　→　社会面のコグトレ
5　対人スキルの乏しさ　→　社会面のコグトレ
＋1　身体的不器用さ　→　身体面のコグトレ

1　学習面のコグトレ、認知機能強化トレーニング

学習面のコグトレとは、認知機能強化トレーニングを指します。これは、①覚える、②数える、③写す、④見つける、⑤想像するという五つのトレーニングからなっています。

〈覚える〉

「最初とポン」　短い文章が2～3文読み上げられます。子どもはそのうち、最初の単語だけを覚え、かつ、動物の名前が出たら手を叩くというトレーニングです。どこで動物の名前が出てくるかわからないので、そちらにも注意を払いながら聴くことになります。この課題は、最初の単語を覚えておきながら、かつ他にも注意をはらうことで聴覚（言語性）ワーキングメモリをトレーニングするねらいがあります。

例）　サルの家には大きな人形がありました。
大急ぎでネコはコタツの中に入ろうとしました。
砂山を壊そうとイヌが足で蹴りました。

答え（サル、大急ぎ、砂山）　傍線：サル、ネコ、イヌで手を叩く

「最後とポン」　いくつかの単語のセットが2〜3セット読み上げられます。子どもはそのうち、最後の単語だけを覚え、かつ、動物の名前が出たら手を叩くというトレーニングです。どこで読み上げが終わるかわからないので、注意しながら聴くことになります。

この課題は、最後の単語を常に更新しながら覚えておくことで聴覚（言語性）ワーキングメモリをトレーニングするねらいがあります。「最初とポン」との違いは、最後の単語を覚えるところです。

例）　茶　ネズミ

ブタ　ウマ　雑誌　色えんぴつ

葬式　コウモリ　ハサミ

答え（ネズミ、色えんぴつ、ハサミ）　傍線：ネズミ、ブタ、ウマ、コウモリで手を叩く

「何が一番？」　大小、軽重、遠近など比較の入った文章を読んで、何が一番目だったかを聞き取る課題です。大きさや重さの順番を覚えながら聞き取らなければならず、注意が必要です。

例）「キリンさんの家は、ゾウさんの家よりも大きいです。ライオンさんの家は、キリンさんの家よりも大きいです。一番小さい家に住んでいるのは誰ですか」

答え（ゾウ）

文章を理解して覚え、問いに答えることで、文章読解力と聴覚（言語性）ワーキングメモリをトレーニングするねらいがあります。「最初とポン」や「最後とポン」では読み上げる

文章の内容を理解する必要はありませんが、「何が一番？」では文章を理解して覚えることが必要です。人の話を聞いて理解する力を養います。うまく覚えるための工夫を考えることも大切です。グループで行なう場合、他の人のうまい覚え方も参考にすることができます。

図4‐2　「何があった？」

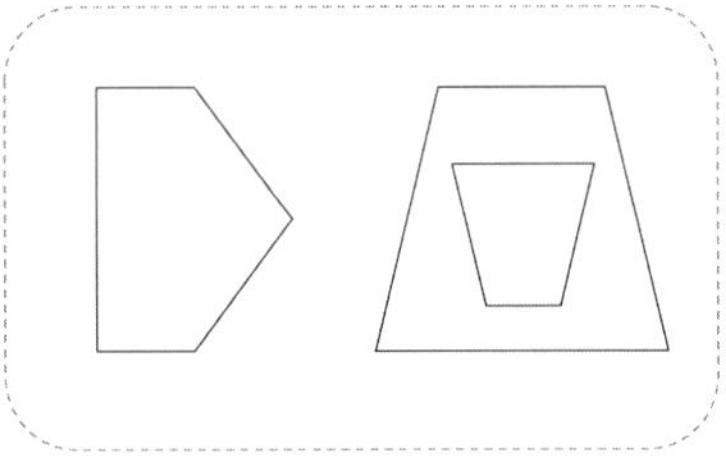

出典：『コグトレ　みる・きく・想像するための認知機能強化トレーニング』（三輪書店）

「何があった？」　ある図形を一定時間提示し、そこに何があったのかを思い出して描いてもらいます。視覚性の短期記憶をトレーニングするねらいがあります。図形の形をしっかり捉えたり、黒板を写したりする際に必要な力を養います。

（例）この図形（図4‐2）を10秒間提示します。隠した後、思い出して描いてもらいます。

一見難しそうに見えますが、図の捉え方を工夫すれば覚えやすくなります。左はホームベースの下が右を向いている、右は、台形が二つ重なって中は反対を向いている、などです。覚え方をいろいろと工夫してみるところもトレーニングの一つです。

〈数える〉

「記号さがし」　枠の中に太陽、月、犬の顔などさまざまなマークが敷き詰められており、その中からリンゴのマークの数だけをできるだけ早くチェックしながら数え、その個数を（　）に記載します（図４－３）。ただし、リンゴの左に指定の記号（次ページの例では雲、魚、音符）があったらチェックしません。これは集中して数えるという持続的な注意力と、ルールに従って注意を切り替える力を同時にトレーニングするねらいがあります。

非行少年たちの中には、頭ではわかっていても目の前に欲しいものや触りたいものがあると、ブレーキをかけることができず犯罪を起こしてしまうケースも散見されました。一般の子どもたちであっても何か気を付けるべきことやリスクがあったとき、ハッと立ち止まってブレーキをかけ、スイッチを切り替えなければなりません。検証はされていませんが、こういったブレーキをかけたり、スイッチを切り替えたりするトレーニングを継続的に行なうことで、情動に流されず自身の行動をコントロールする練習にもなるのではと期待しています。

図4-3 「記号さがし」

の数《かず》を数《かぞ》えながら、できるだけ早《はや》く に ✓ をつけましょう。

ただし、 の左《ひだり》に下《した》のものがある場合《ばあい》は数《かぞ》えず ✓ もつけません。

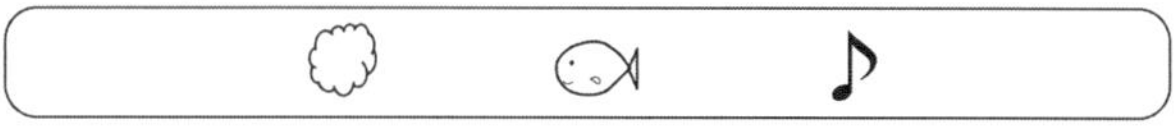

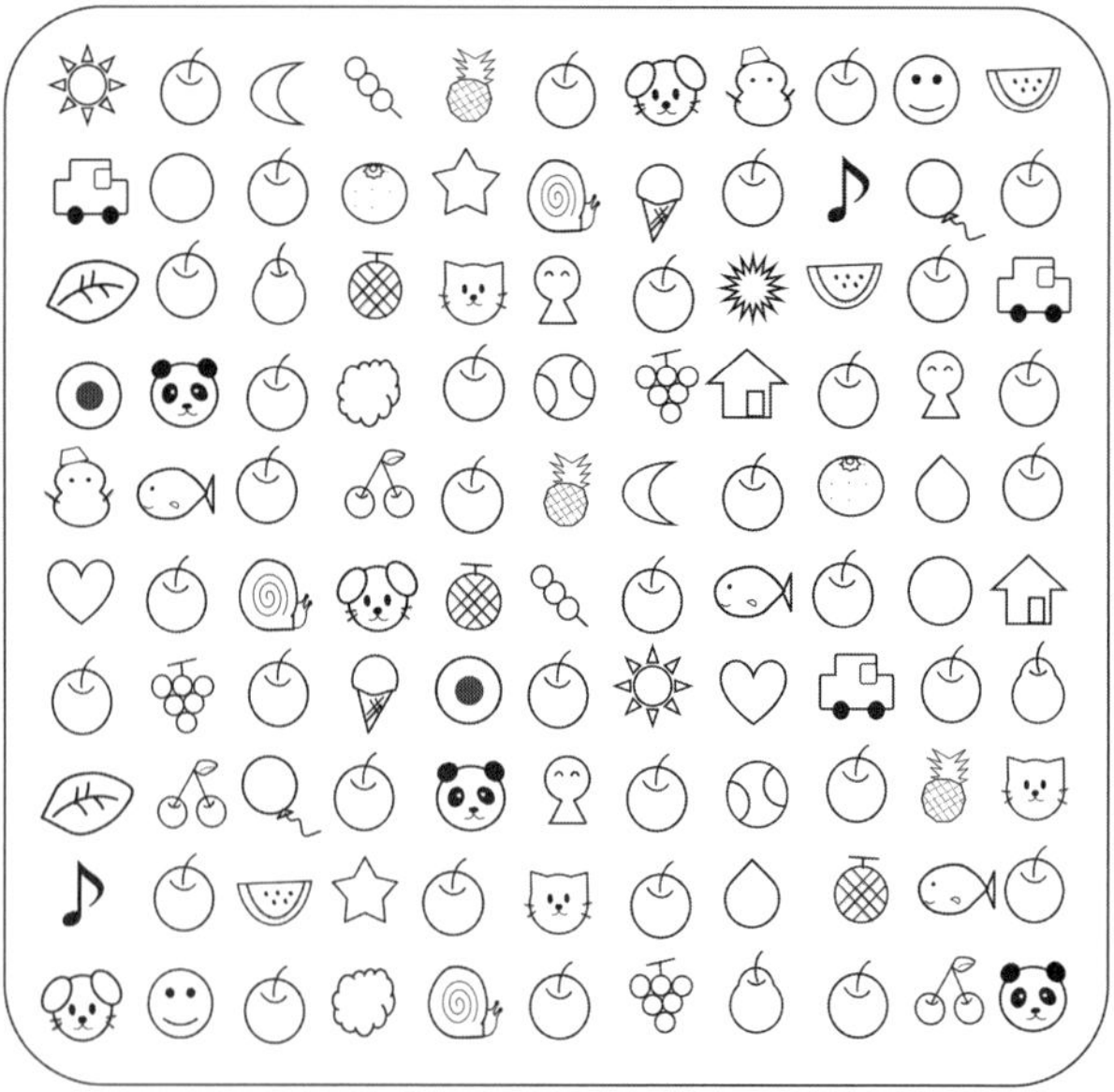

は（　　　）個《こ》

出典：『コグトレ　みる・きく・想像するための認知機能強化トレーニング』（三輪書店）

「あいう算」 これは計算問題ですが（図４－４）、ただの計算問題とは違います。例えば、「あ」は３＋５、「い」は４＋２など、「あいうえお」のそれぞれに計算問題が付いています。まず３＋５＝８を計算し、下の８の（　）のところに「あ」と書きます。つまり、１回答えを覚え、それをひらがなに置き換えて写すという作業を増やしています。

テストでは転記ミスなどで点を落とす子が結構います。これらのミスを少なくするねらいがあります。また記憶しながらすばやく計算することでワーキングメモリの向上も目指します。

「さがし算」 現在学校で通常出されている計算問題といえば、５＋６＝11、４＋７＝11というように一方向の計算が多いように見受けられます。これに対し、「さがし算」は、例えば、足して11になる二つの数字の組み合わせを頭の中に保持しながら、その二つの数字を探して丸で囲んでいくという課題です（図４－５）。計算問題がずらりと並んでいる計算ドリルを、「好き」という子は少ないでしょう。ですが「さがし算」は、答えを探して「あっ、見つけた」と丸で囲むだけでよいのです。ただし課題そのものは、頭の中で何回も計算をし

図4-4　「あいう算」

計算《けいさん》の答《こた》えと同《おな》じ数字《すうじ》の(　　)に、「あ～を」を入れましょう。

あ	3+5	た	9+9	ま	5+5
い	4+2	ち	3+9	み	7+6
う	6+8	つ	2+5	む	7+8
え	1+4	て	6+7	め	6+5
お	2+1	と	4+5	も	1+3
か	8+4	な	3+8	や	3+2
き	4+6	に	1+5	ゆ	6+3
く	6+9	ぬ	9+5	よ	5+8
け	7+4	ね	4+4	ら	3+3
こ	2+6	の	9+8	り	9+6
さ	7+9	は	8+8	る	7+7
し	3+7	ひ	9+7	れ	4+7
す	2+2	ふ	8+7	ろ	5+2
せ	5+4	へ	8+4	わ	6+1
そ	8+9	ほ	7+2	を	4+9

3（　　）

4（　　）（　　）

5（　　）（　　）

6（　　）（　　）（　　）

7（　　）（　　）（　　）

8（　　）（　　）（　　）

9（　　）（　　）（　　）（　　）

10（　　）（　　）（　　）

11（　　）（　　）（　　）（　　）

12（　　）（　　）（　　）

13（　　）（　　）（　　）（　　）

14（　　）（　　）（　　）

15（　　）（　　）（　　）（　　）

16（　　）（　　）（　　）

17（　　）（　　）

18（　　）

出典:『コグトレ　みる・きく・想像するための認知機能強化トレーニング』(三輪書店)

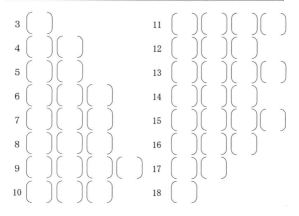

図４-５　「さがし算」

□ の中《なか》の２つの数字《すうじ》を足《た》して、11 になるものを探《さが》し ◯ で囲《かこ》みましょう。たて、よこ、ななめの数字《すうじ》から見《み》つけましょう。

1 9 2 3	6 1 5 4	4 5 5 7	4 6 3 8
6 5 0 9	1 8 3 5	5 4 6 1	7 5 5 4
5 2 3 6	2 1 5 9	2 6 5 1	3 4 8 6
4 1 5 6	5 7 4 3	9 2 6 1	7 4 8 2

出典:『コグトレ　みる・きく・想像するための認知機能強化トレーニング』（三輪書店）

ているので、やっていることは計算ドリルとあまり変わりません。子どものモチベーションを上げながら、計算問題を数多くこなしているのです。

例えば11であれば、5と6、4と7、3と8、2と9といった数字の組み合わせを頭の中で覚えておきながら探していきます。そのため、ワーキングメモリの力がつきますし、素早く数字を見つけるように時間管理をするとスピードも身につきます。

さらにマス目が増えてきますと、かなり効率的に探さないと見つけ出すことが難しくなります。例えば、1という数字は10と組み合わせないと11になりません。「さがし算」は1桁の数字以外は使っていないため、1は最初から省くことができます。探さなくてもいい数字は最初から省くという工夫を促すことで、計画力が身につくことも期待できます。

このように、さがし算は、暗算力、ワーキングメモリ、スピード力、計画力の四つの力を同時に鍛えることが期待できる課題なのです。

もう少し難しい発展編の問題もあります。マス目は4×4となり、「縦、横、斜めのとなりあった三つの数字を足すと15になるものが一つあります。それを探して丸で囲みましょう」といった課題です。ますます効率よく探すための計画力が必要となります。

図４-６「点つなぎ」

上《うえ》の絵《え》と同《おな》じように点《てん》をつないで下《した》に写《うつ》しましょう。

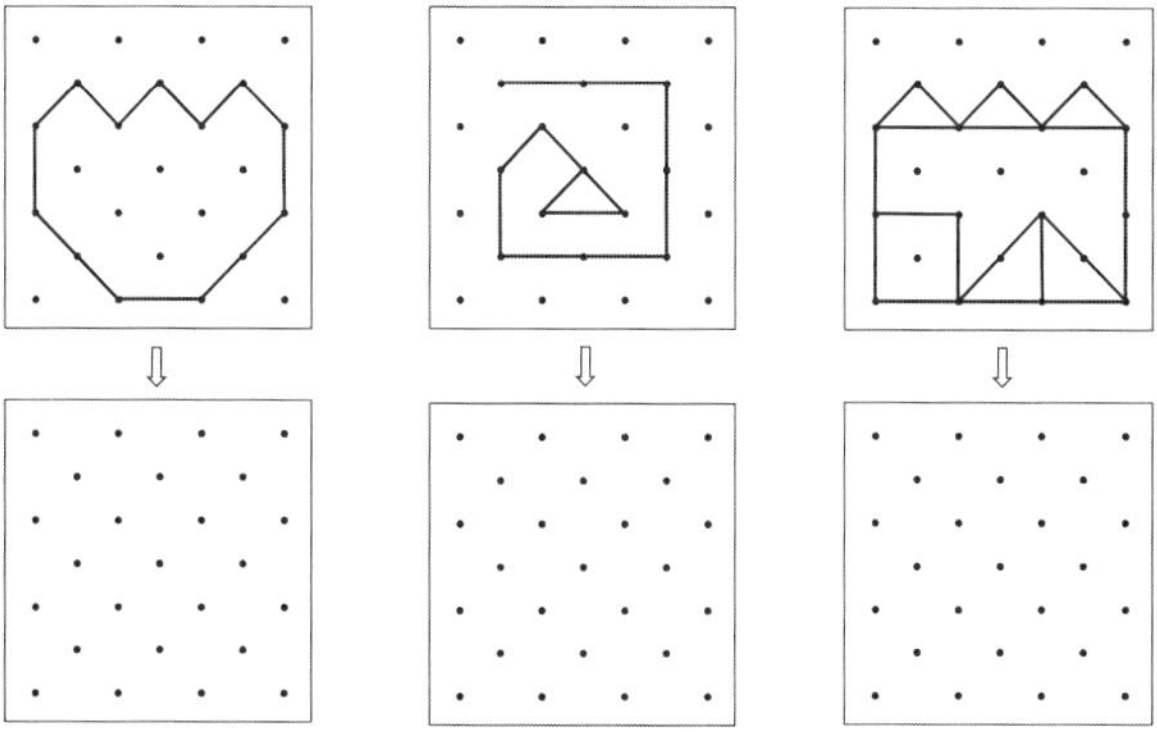

出典:『コグトレ　みる・きく・想像するための認知機能強化トレーニング』（三輪書店）

〔写す〕

「点つなぎ」　上の見本の絵と同じようになるように下の点をつないでいきます（図４－６）。見本を正確に写すことで、視覚認知の基礎力を付けることがねらいです。

学習の基本は模倣から始まります。漢字を覚えるときには、まず漢字をノートに写します。黒板を写すときにも、視覚認知の力が必要になります。点をつなぐだけでなく、どうすれば、ミスなくつなぐことができるかも考えるようにします。

ある中学校の通常学級でこの「点つなぎ」の課題を行なったところ、約15％の子に何かしらのミスが見られたという結果も

図4-7 「記号の変換」

上《うえ》のマスの中《なか》の記号《きごう》を ⇩ の中《なか》の記号《きごう》に変《か》えて下《した》のマスに写《うつ》しましょう。

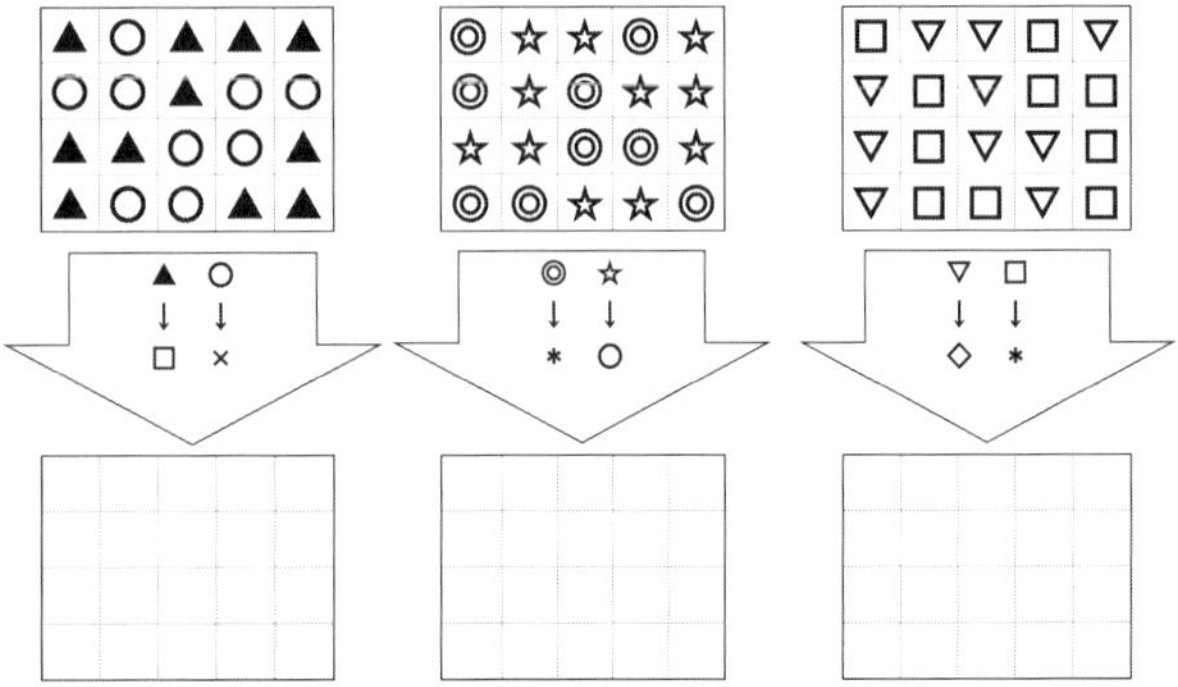

出典:『コグトレ　みる・きく・想像するための認知機能強化トレーニング』(三輪書店)

聞いています。高校受験を控えている子の中にも、こういった模写が難しい子がいるのです。こういう子どもたちを早く見つけて支援を行なう必要があります。お子さんの認知機能が気になったら、まずこの「点つなぎ」の課題から始めてみることをお勧めします。

「記号の変換」 上のマス目にある記号を、指示されたルールに従って変換して、下のマス目の同じ位置に写します（図4-7）。位置関係を理解しながら模写する力を付けるねらいがあります。単に模写するだけではなく、記号の変換（▲→□、○→×など）というルールが入りますので、より注意力が必要となります。

図4-8　「鏡映し」

真《ま》ん中《なか》の２つのパネルが、鏡《かがみ》と水面《すいめん》に映《うつ》ったらそれぞれどう見《み》えるでしょうか？　想像《そうぞう》して描《か》きましょう。

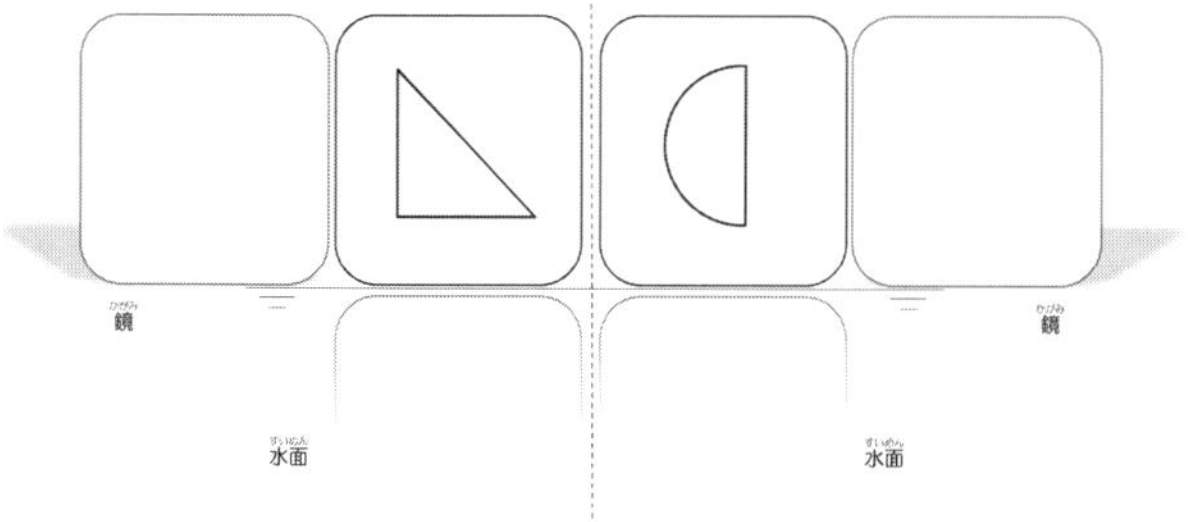

出典:『コグトレ　みる・きく・想像するための認知機能強化トレーニング』（三輪書店）

「鏡映し」　図形が鏡と水面の前に置いてあります。その図形が鏡に映った場合と水面に映った場合にどのように見えるかを正確に写します（図4－8）。想像力を働かせながら模写する力を付けるねらいがあります。難しいようなら、実際に鏡を使ってもよいでしょう。

「くるくる星座」　コグトレの特徴的な課題の一つです。上の星座を下に写すというものです（図4－9）。図には白丸○と黒丸●がちりばめられてあり、丸をつないで線が星座状に描かれています。その「星座」の起点のみ星印（★）になっています。この図の下にも、○と●がちりばめられた図があり、その

図4-9 「くるくる星座」

上《うえ》と同《おな》じ星座《せいざ》になるように下《した》の★, ○, ●を線《せん》でつなぎましょう。

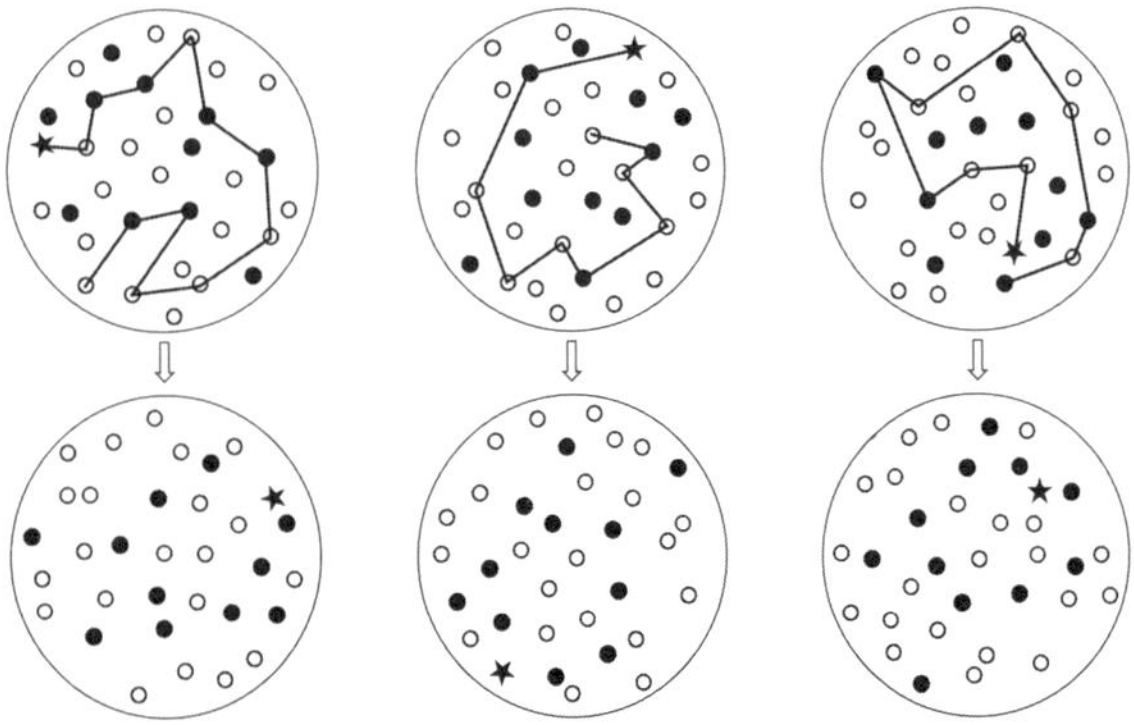

出典:『コグトレ　みる・きく・想像するための認知機能強化トレーニング』（三輪書店）

点をつないで上の図の星座を再現します。ただし下の星座は回転しています。そのため、上図の丸の位置がどのように回転しているかを理解して写さなければなりません。まずは、起点となる★印を探すところから始まります。この課題を行なうことで、論理的判断力も身につくことが期待されます。

〈見つける〉

「形さがし」　点がランダムに配置された枠の中で指定された図形（正方形や正三角形など）を見つけて線でつなぐ課題です（図4-10）。

このトレーニングを行なうことで、「形

図４-10 「形さがし」

下《した》の中《なか》に  が１０組《くみ》あります。それらを見《み》つけて

 のように線《せん》でむすびましょう。

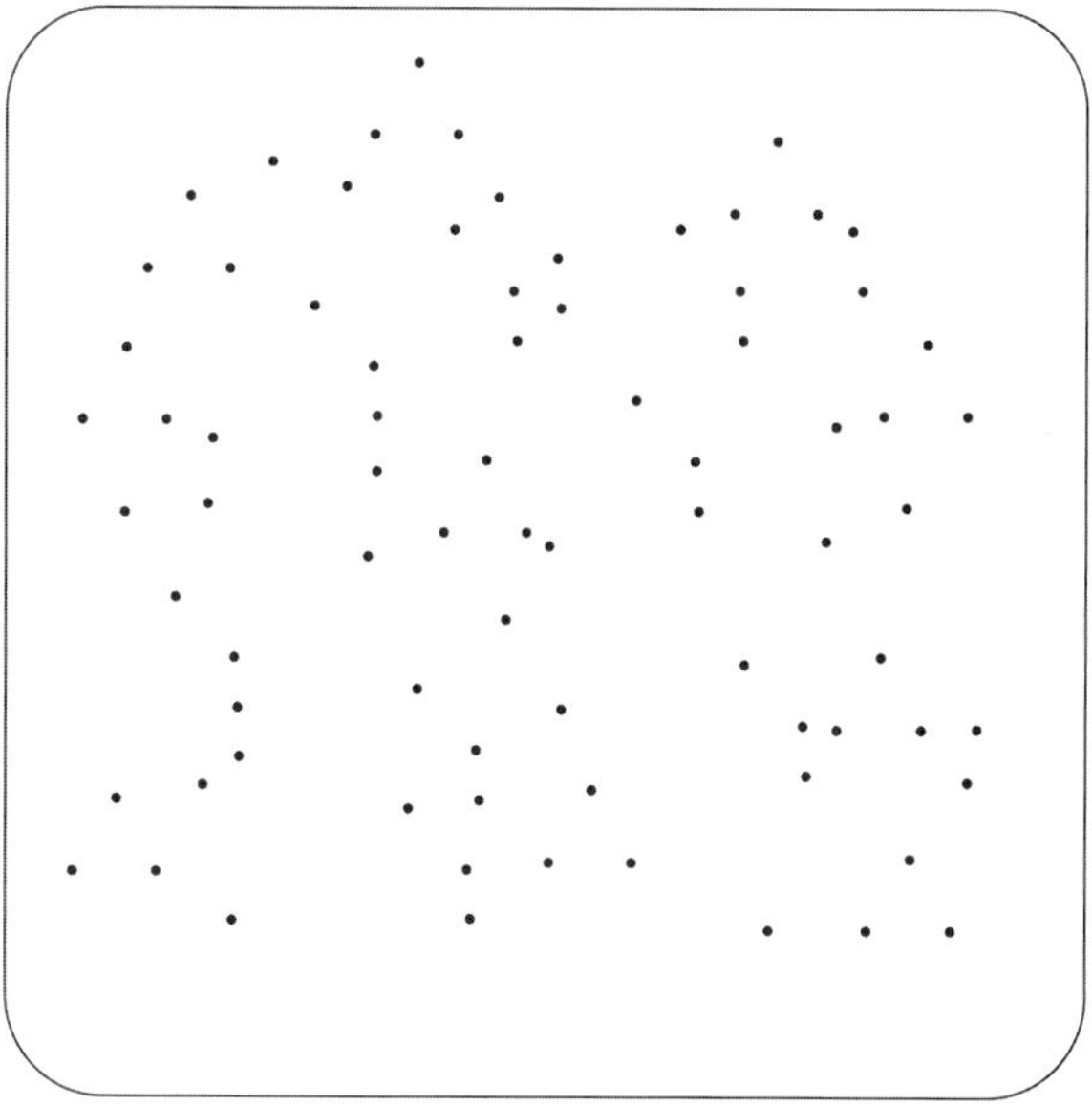

出典：『コグトレ　みる・きく・想像するための認知機能強化トレーニング』（三輪書店）

図4-11 「同じ絵はどれ？」

下《した》の8枚《まい》の絵《え》の中《なか》に全《まった》く同《おな》じ絵《え》が2枚《まい》あります。その2枚《まい》を探《さが》して下《した》の［　　　］に番号《ばんごう》を書《か》きましょう。

①

②

③

④

⑤

⑥

⑦

⑧

答《こた》え（　　　）と（　　　）

(答え　④と⑦)

出典:『コグトレ　みる・きく・想像するための認知機能強化トレーニング』（三輪書店）

の恒常性」を身につけるねらいがあります。前述しましたが形の恒常性とは、ある形、例えば、正三角形という形を、さまざまな角度から見ても同じ正三角形だと認識できることです。

「同じ絵はどれ？」　複数の絵の中に同じ絵が２枚あり、それがどの２枚かを見つける課題です（図４－11）。共通点、相違点を把握する力をつけるねらいがあります。２枚の絵の中から相違点が見つかったら、その組み合わせは正解ではありません。そのような消去法を繰り返すと２枚の絵がわかってきます。この力は、図のパターンを認識する、数字の並びからあるパターンを見つける、人の顔や表情を見分けるなどに役立ちます。

〈想像する〉

「スタンプ」　上のスタンプを押したら、どれになるか、下の選択肢の中から選びます（図４－12）。鏡面をイメージする力をつけるねらいがあります。一つの視覚情報から他の情報を想像するこのトレーニングは、空間的な課題である図形問題や地図を読むことなどに役立ちます。

図4-12 「スタンプ」

A、Bはスタンプの印面《いんめん》です。押《お》したときどの絵《え》になるか1～4から選《えら》びましょう。

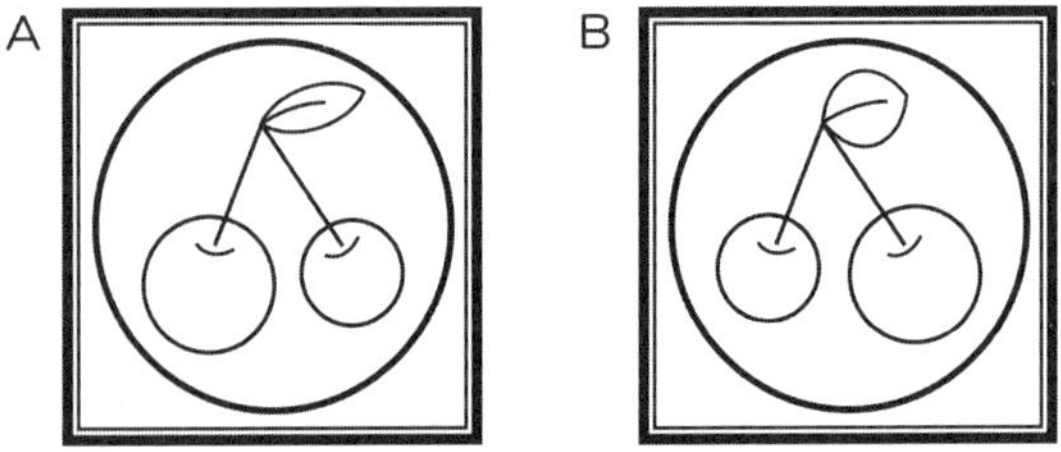

答《こた》え（　　）　　答《こた》え（　　）

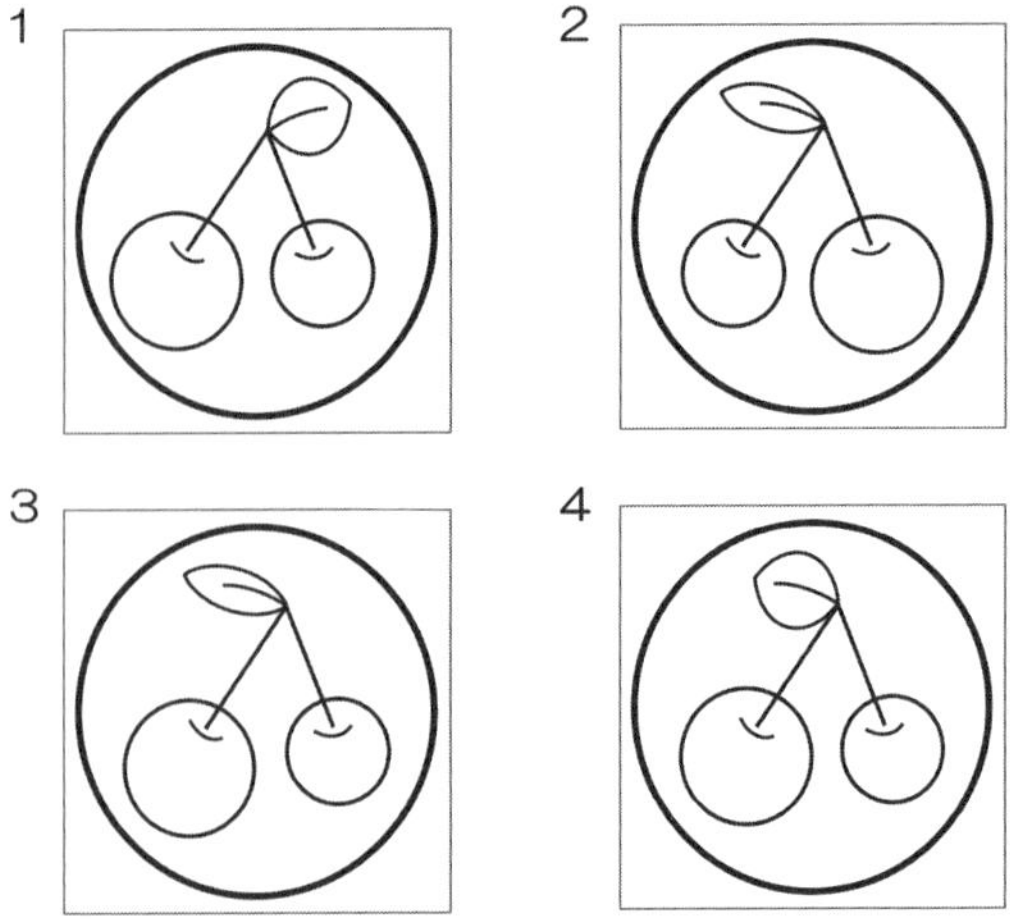

（答え　A：2　B：4）

出典：『コグトレ　みる・きく・想像するための認知機能強化トレーニング』（三輪書店）

「穴の位置」「折り紙を１～２回折って、パンチで穴を開けてその後紙を広げた場合、折り紙はどうなっているか」というように、展開図を想像していく課題です（図４－13）。「スタンプ」と同様に、鏡面をイメージする力をつけるねらいがあります。情報量が「スタンプ」より多いので、難易度が高くなっています。

「心で回転」「あなたから見たら、この図形はこう見えますが、周りにいるイヌさん、ウシさん、ウサギさんから見たらどう見えるでしょうか」という課題です（図４－14）。これはメンタルローテーションという力を使って頭の中で、相手の立場に立てばどう見えるかということを想像するという課題です。あるものを違った視点から考えるという姿勢を身につけるというねらいもあります。検証はこれからですが、相手の気持ちの理解などに役立つことも期待できそうです。

「順位決定戦」　例えば「イヌとウシが競走したらイヌのほうが速かった」「ウサギとイヌが競走したらウサギのほうが速かった」といった情報が与えられ、イヌ、ウシ、ウサギの速さ

図4-13 「穴の位置」

折《お》り紙《がみ》を下《した》のように折《お》り、A、B、Cのように穴《あな》を開《あ》け、折《お》り紙《がみ》を開《ひら》くとどうなるでしょうか？1～9から選《えら》び、(　)に番号《ばんごう》を書《か》きましょう。

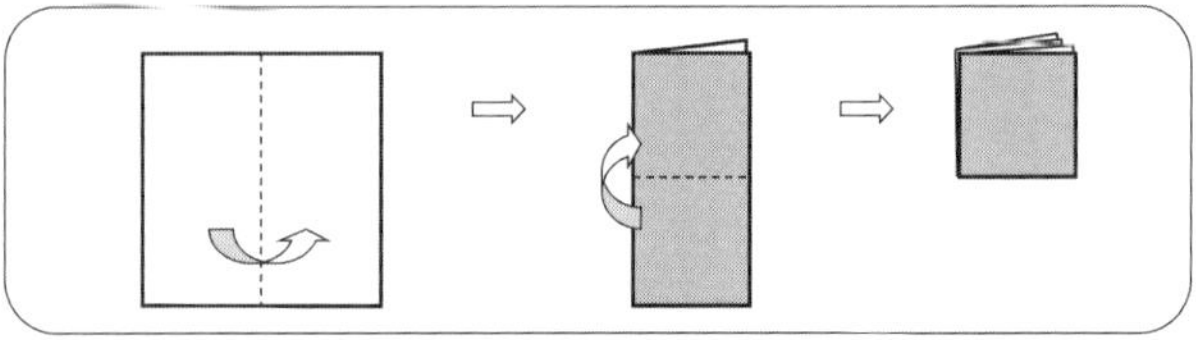

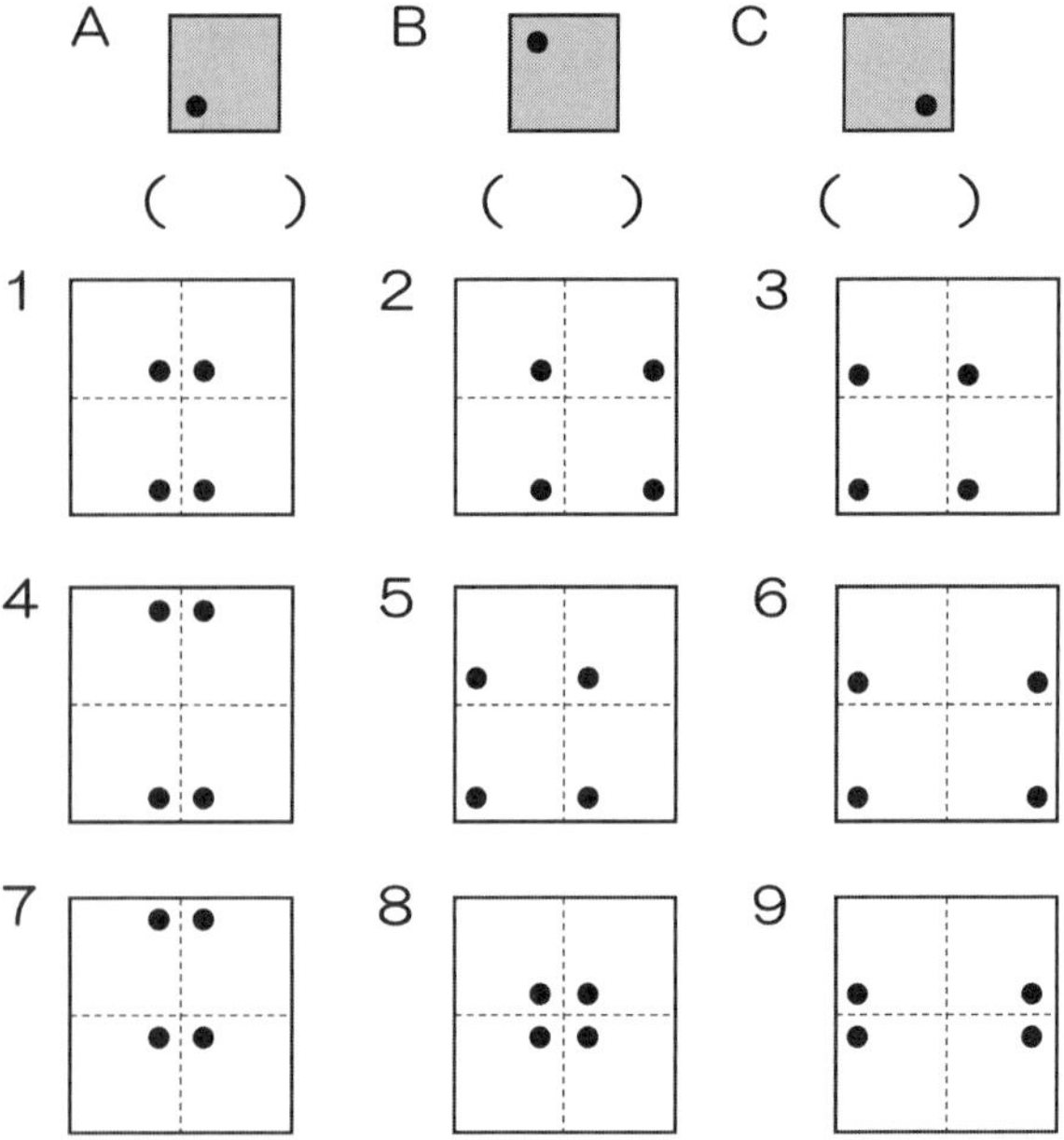

(答え　A：8　B：4　C：9)

出典:『コグトレ　みる・きく・想像するための認知機能強化トレーニング』(三輪書店)

図4-14 「心で回転」

真《ま》ん中《なか》の立体図《りったいず》をイヌさん、ウシさん、ウサギさんから見《み》ると、どう見《み》えるでしょうか？　線《せん》でつなぎましょう。

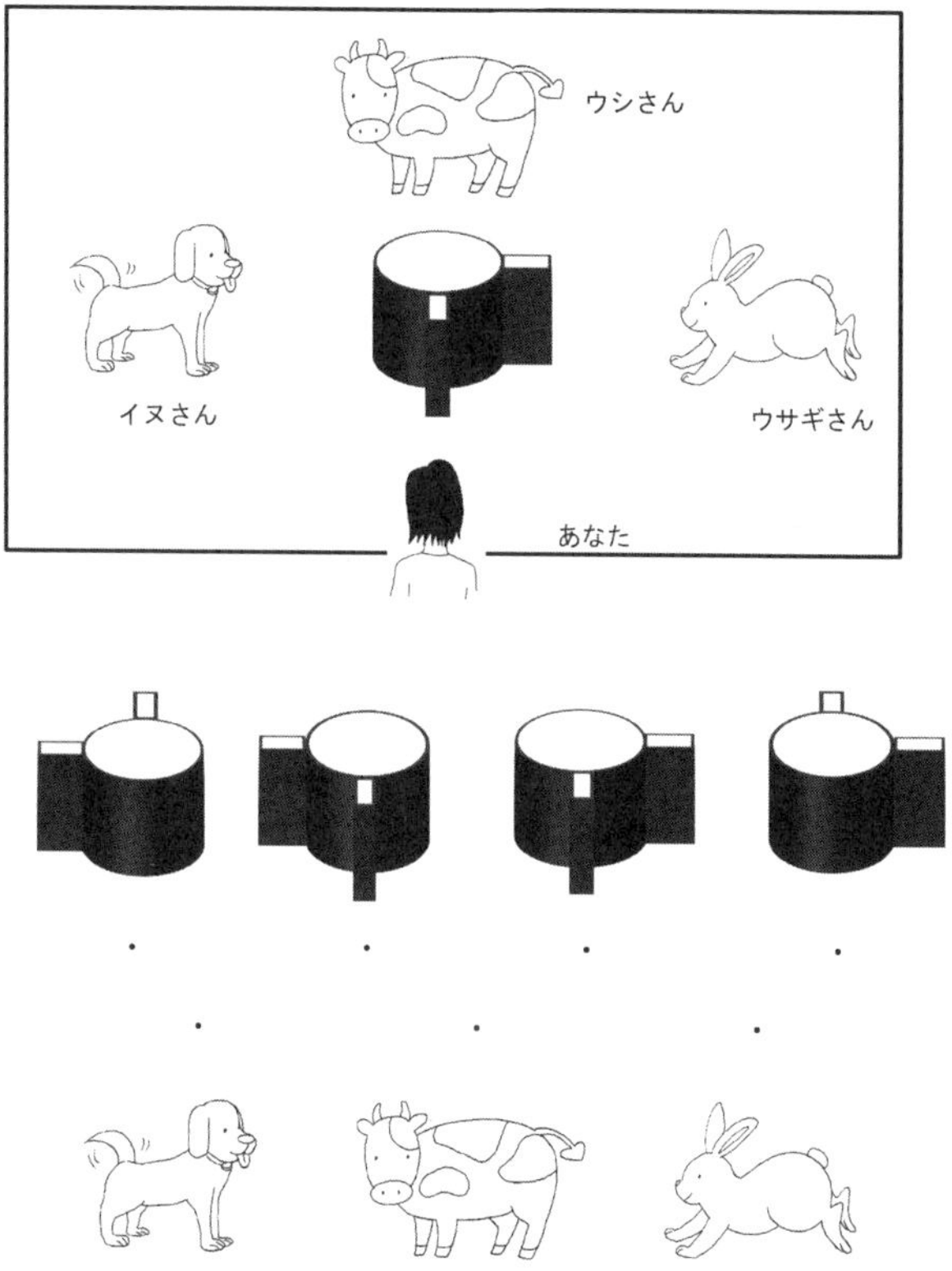

出典：『コグトレ　みる・きく・想像するための認知機能強化トレーニング』（三輪書店）

図4-15 「順位決定戦」

動物《どうぶつ》たちがかけっこをしました。表彰台《ひょうしょうだい》の順位《じゅんい》から考《かんが》えて、かけっこが速《はや》い順番《じゅんばん》に番号《ばんごう》をつけましょう。

(　　)　　(　　)　　(　　)

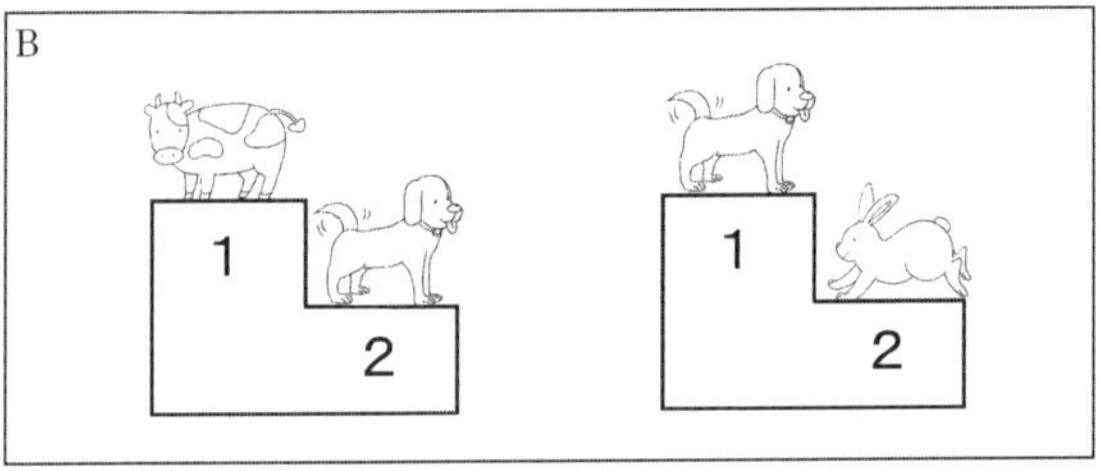

(　　)　　(　　)　　(　　)

(答え　Aは左から2、3、1　Bは左から2、1、3)

出典:『コグトレ　みる・きく・想像するための認知機能強化トレーニング』(三輪書店)

図4-16 「物語づくり」

下《した》の1～5の絵《え》を正《ただ》しい物語《ものがたり》になるように並《なら》び替《か》えて [　　　　]に順番《じゅんばん》を書《か》きましょう。

①

②
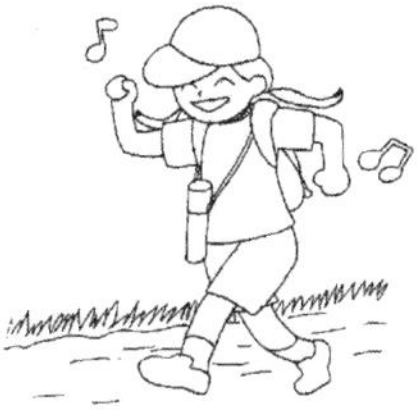

③

④

⑤

答《こた》え

〔　　　　　　　　　　　　　　　　〕

（答え　③　→　①　→　④　→　⑤　→　②）

出典:『コグトレ　みる・きく・想像するための認知機能強化トレーニング』（三輪書店）

の総合順位をつけていきます。それぞれの関係性を理解しながら論理的思考の基礎をトレーニングするねらいがあります（図4－15）。課題の中ではまず一番早いもの（もしくは一番遅いもの）はどれかを探すと順位がわかりやすいでしょう。

「物語づくり」　バラバラの絵をストーリーの時系列順に並べかえる課題です（図4－16）。絵の中には、時間の前後がわかるヒントが隠されており、それを見つけて解く問題です。時間の概念や論理的思考を養っていきます。

以上、学習面のコグトレの一部をご紹介しましたが、これら以外に、漢字学習を兼ねながら認知機能を高める「漢字コグトレ」などがあります。

2　社会面のコグトレ、認知ソーシャルトレーニング

ここからは社会面のコグトレについてご紹介します。社会面のコグトレである認知ソーシャルトレーニングは、社会で生きていく上で必要な対人スキルを学ぶためのトレーニング

で、さまざまな場面を想定しています。大きく「段階式感情トレーニング」「対人マナートレーニング」「危険予知トレーニング」「段階式問題解決トレーニング」の四つのトレーニングから構成されています。

A　**段階式感情トレーニング**
感情を段階的に扱うことで、効果的に感情をコントロールする力をつけていきます。

B　**対人マナートレーニング**
対人スキルの向上のために、その基礎となる対人マナー力（挨拶、お礼、謝罪、頼む、断るなど）の向上を目指します。

C　**危険予知トレーニング**
子どもたちが自分の身を自分で守れるよう、事前にさまざまな危険を予知できる力をつけていきます。

D　**段階式問題解決トレーニング**
何か問題が生じた際に、いくつかの解決策を挙げながら自分でそれらの問題を解決していく力を段階的につけていきます。

以下、順にご説明していきます。

〈段階式感情トレーニング〉

感情を効果的にコントロールできることを目指しますが、いきなり自分の気持ちと直面させるのはかなり負担になりますので、なるべく子どもに負担がないように段階的に取り組めるような工夫をしています。扱う順として、他者感情の理解、感情を表出することの動機づけ、自己感情の表現とコントロール、そしてその応用といった段階順になっています。

トレーニングは以下の五つからなります。

＊他者感情の理解＊

①「この人はどんな気持ち？」　いろいろな表情の人物のイラストを見て、その人物の気持ちを推し量ります（図4-17）。自分の気持ちを扱う前に、他者の表情・状況を読み取る練習をして、感情を表現することに慣れていきます。正解はないので自由に述べさせてみましょう。グループのみんなで発表し合ってもいいでしょう。一つの表情でもいろんな見方が

図４-17 「この人はどんな気持ち？」

下《した》の人《ひと》は今《いま》、どんな気持《きも》ちでしょうか？　いったい何《なに》があったのでしょうか？
想像《そうぞう》して ☁ に気持《きも》ち、下《した》の □ に何《なに》があったか書《か》きましょう。

という気持《きも》ち

いったい何《なに》があったと思《おも》いますか？

・宿題を忘れて先生に怒られて落ち込んでいます。

・仲のいい友だちとケンカをして悲しい気分になっています。

・朝寝坊して、朝ご飯を食べる時間がなくて学校に来てしまいました。それでお腹が空いてつらいです。

出典：『1日5分！　教室で使えるコグトレ』（東洋館出版社）

あることに気づくと思います。

②「この人たちはどんな気持ち？」　一人の表情の次は複数の人たちが描かれたイラストを見て、何があって、それぞれがどんな気持ちになっているのかを想像します。その人たちの関係性やその場の状況まで想像する必要がありますので難易度が上がります（図4－18）。

しかし、よくよく考えてみれば、子どもたちの学校での生活はこういった集団生活のはずです。子どもたちは「あの子とあの子は仲が悪いはずなのに、仲良さそうにしている。なぜだろう？」といった状況にもいち早く気づいて、素早く対応するといった高度なことをやっているのです。もし、そういった状況を理解できないと、集団生活でもトラブルになる可能性があります。そこを練習していくのです。このトレーニングでもグループで行なって他のみんなはどう考えたか、などを聞いてみるといいでしょう。

ポイントとしてはイラストの人たちの視線はどこに向けられているのか、そしてどのような表情をしているのか、まずそこを確かめてから考えてもらいましょう。

図4-18「この人たちはどんな気持ち？」

この人《ひと》たちはどんな気持《きも》ち？❷

下《した》の人《ひと》たちは今《いま》、どんな気持《きも》ちでしょうか？
いったい何《なに》があったのでしょうか？
想像《そうぞう》して　に気持《きも》ち、下《した》の　に何《なに》があったか書《か》きましょう。

いったい何《なに》があったと思《おも》いますか？

出典:『1日5分！　教室で使えるコグトレ』（東洋館出版社）

図4-19　「感情のペットボトル」

出典：『マンガ　コグトレ入門』（小学館）

＊感情を表出することの動機づけ＊

③「感情のペットボトル」　なぜ感情を表現する必要があるのかを学びます。いわば動機づけの教材です（図4－19）。これはアメリカのオクラホマ大学に性問題行動への対処について学びに行った際に見た、表情が描かれた缶詰を袋に入れて担がせる「感情の缶詰」というワークをヒントにしました。缶詰の代わりにペットボトルを使えば、簡単に用意できますし、しかも水で重さが調整できます。

　まずさまざまな気持ちが書かれた紙を貼ったペットボトルを複数用意します。例えば「うれしい」「さびしい」「ふあん」そして「いかり」などです。「いかり」だけ、2リットルのペットボトル、残りは500ミリリットルにします。「うれしい」以外のペットボトルには、水を入れておきます。

そして袋にペットボトルを入れて、子どもたちに担がせ、その重さを実感させます。このことにより、気持ちを吐き出さずにため込んでしまうことのしんどさを身体で感じてもらうのです。ここまでは「感情の缶詰」と同じやり方ですが、この先は新たな追加です。

次にペットボトルを1本ずつ出していきます。すると少しずつ身体が楽になります。「感情を出すとこんなに楽になるんだよ」と説明してあげます。特に、いかりのペットボトルを出すと一気に楽になります。いかりを抱え込むことが、最もしんどいことなのです。

ただし、この先が大切なのですが、「いかり」を出すときに、ペットボトルを相手に投げつけて、もし相手が怪我をしたらどうなるか？　傷害事件にもなりますよね。そうではなく、先生や親に、そっと渡そう——と伝えるのです。

＊自己感情の表現とコントロール＊

④「違った考えをしよう」　ここで自分の感情について扱います。「違った考えをしよう」というシートに自分の身に起こった「嫌なこと」について書き、それに対する気持ちの度合いをパーセンテージで表します。その後、パーセンテージが40％以下になるような、「違った考え方」を考えてシートに書いてもらいます（図4-20）。

図4-20 「違った考えをしよう」

違《ちが》った考《かんが》えをしようシート				
9 月《がつ》 13 日《にち》 場所《ばしょ》・場面《ばめん》 （ 学校の廊下 ） 何《なに》があった？ Aくんとすれちがったとき、Aくんは僕の顔を見てニヤニヤして行ってしまった。				
あなたはどうした？ どう思《おも》った？ にらみ返した。僕のことをバカにしているにちがいない。				
どんな気持《きも》ち？ どれくらいの強《つよ》さ？ 気持《きも》ち：怒り 強《つよ》さ 70 %				
	違《ちが》った考《かんが》え	気持《きも》ち	%	感《かん》想《そう》
考《かんが》え方《かた》①	いつか仕返ししてやろう。	怒り	75	もっと腹が立ってきた
考《かんが》え方《かた》②	そんなことで怒っても仕方ない。 我慢しよう。無視しよう。	怒り	40	でも思い出して腹が立つ
考《かんが》え方《かた》③	ひょっとして僕のことを笑ったんじゃなくて思い出し笑いをしただけかもしれない。	怒り	10	そういえば僕だって思い出し笑いをして一人でニヤニヤすることがあるな

出典:『1日5分！ 教室で使えるコグトレ』（東洋館出版社）

例えば「学校の廊下で、クラスメートが自分の顔を見て、ニヤニヤして行ってしまった」というシーン。〝僕のことをバカにして笑った〟と考え、怒りの度合いは70％（100になると殴りかかるレベル）になりました。そこで違う考えをしてもらいます。例えば〝もしかしたら、彼は何かの思い出し笑いをしたのかもしれない〟と考えれば、怒りの度合いは40％以下になることもあるでしょう。

このように、一つの考え方にとどまるのではなく、違った考え方をいくつかすることで怒りを下げるのです。

もし違った考えが出てこなければ、他のみんなにもアイデアを出してもらいましょう。たいてい相手を責めるような他責的な考え方では怒りが下がらず、自分も悪かったのでは？といった内省や他者への思いやりの気持ちで怒りが下がることが多いです。他責的な考え方ばかり出てくるときは、自分にも非がなかったかを振り返れるようなヒントを出してあげましょう。

＊応用＊

⑤思いやりトレーニング「悩み相談室」　最後は応用段階です。ある子が2人のクラスメー

トに自分の悩みを語っています。2人はそれに対して何らかのアドバイスをしますが、一人のアドバイスにはがっかりして悲しくなり、もう一人のアドバイスには、元気をもらうという設定になっています。そこで課題では、それぞれがどんなアドバイスをしたかを考えてもらうのです（図4－21）。

この例では、Aさんが、B君とC君という男の子2人に、友だちができないことについて相談します。B君は「ボーッとしているからダメなんだよ。それじゃあだれも友だちになりたくないよ」と言いました。するとAさんは「B君には相談しなきゃよかった」と後悔します。

一方C君は「そっかぁ。転校してきたばかりだから友だちをつくるのは大変だよね。どうしたらいいかいっしょに考えよう」と言いました。するとAさんは「C君、ありがとう！気持ちが楽になった。聞いてくれてありがとう」と笑顔で答えます。

ここでは、アドバイスでなくまずは相手の気持ちに寄り添うことが大切だということに気づいてもらいます。相手がどんな気持ちでいるだろうかと推し量って、その子のつらさに共感できる力を養えればと思います。

ポイントは、いかに相手の立場になって考えることができるか。そのために自分の似たような体験を思い出してもらい、そのときにどのようなアドバイスをしてもらいたかったかな

図４-21　思いやりトレーニング「悩み相談室」

Aさんは悩《なや》んでいます。

Aさん

私《わたし》は転校生《てんこうせい》で、まだ学校《がっこう》に友《とも》だちが一人《ひとり》もいないの。休《やす》み時間《じかん》は一人《ひとり》でボーッとしているだけ。みんなは楽《たの》しそうに友《とも》だちと話《はな》しているのに。友《とも》だちをつくるにはどうしたらいいの？

Aさんの悩《なや》みをB君《くん》とC君《くん》が聞《き》いてあげました。Aさんは B君《くん》の声《こえ》のかけ方《かた》にがっかりし、C君《くん》の声《こえ》のかけ方《かた》には気持《きも》ちが楽《らく》になりました。B君《くん》とC君《くん》はそれぞれどんな声《こえ》をかけたと思《おも》いますか。考《かんが》えて書《か》きましょう。

B君《くん》

ボーッとしているからダメなんだよ。
それじゃあだれも友だちに
なりたくないよ。

B君《くん》には相談《そうだん》しなきゃよかった……。

C君《くん》

そっかぁ。
転校してきたばかりだから
友だちをつくるのは大変だよね。
どうしたらいいかいっしょに考えよう。

C君《くん》、ありがとう！　気持《きも》ちが楽《らく》になった。
聞《き》いてくれてありがとう。

出典：『社会面のコグトレ　認知ソーシャルトレーニング１』（三輪書店）

どを書いてもらうといいでしょう。自分の悩みに対してはうまい解決策が思いつかなくとも、人へのアドバイスは、意外とできるものです。ここでは子どものそんな矛盾《むじゅん》に気づいても指摘せず、アドバイスできたことを褒《ほ》めてあげましょう。

〈対人マナートレーニング〉

対人スキル向上のために、その基礎となる対人マナー力の向上を目的としたトレーニングです。トレーニングは大きく二つからなります。

・自分の特性を知る
　過去と未来の自分と手紙交換、人生山あり谷ありマップ
・人との接し方を学ぶ
　「人にものを頼もう」「うまく謝ろう」「うまく断ろう」など

　まず、〝自分の特性を知る〟で、自分の特性について気づいてもらいます。これは、第2章でご紹介した、5点セット＋1の「不適切な自己評価」に対応するトレーニングで、適切な自己像を学んでもらいます。次の二つのワークをご紹介します。

「過去と未来の自分と手紙交換」　未来（数か月後）の自分に向けて手紙を書き（図４－22）、数か月経ってからその手紙を読んで、過去の自分をどう感じたか、過去の自分にアドバイスすることはないか、考えてもらいます。そして過去の自分に対して手紙を書きます（図４－23）。

・１学期の初め：目標、「１学期の終わりの僕・私へ」の手紙
・１学期の終わり：目標の評価と理由、「１学期の終わりの僕・私へ」の感想、「１学期の初めの僕・私へ」の手紙

これらを学期ごとに繰り返していきます。そうしていくうちに、自分の特性について少しずつ気づいていってもらいます。ポイントとしては、過去の自分に対して恥ずかしさを感じ、次の「２学期の初め」の自分に対しては等身大の手紙を書くことができればここの目的は達成です。

「人生山あり谷ありマップ」　自分にとって何がつらかった体験だったか、現在はそれに対し

図4-22　過去と未来の自分と手紙交換①

さあこれから新学期《しんがっき》（1学期《がっき》）が始《はじ》まります。これからの1学期《がっき》、あなたはどのように学校生活《がっこうせいかつ》を過《す》ごすでしょうか？　あなたの目標《もくひょう》を書《か》きましょう。

僕《ぼく》・私《わたし》の1学期《がっき》の目標《もくひょう》

1学期《がっき》にはいろいろなことがあると思《おも》います。1学期《がっき》を終《お》え、夏休《なつやす》み前《まえ》の未《み》来《らい》のあなたに向《む》けて手紙《てがみ》（1学期《がっき》の終《お》わりの僕《ぼく》・私《わたし》へ）を書《か》きましょう。

1学期《がっき》の終《お》わりの僕《ぼく》・私《わたし》へ

1学期《がっき》の初《はじ》めの僕《ぼく》・私《わたし》より　月《がつ》　日《にち》

出典：『1日5分！　教室で使えるコグトレ』（東洋館出版社）

図4-23　過去と未来の自分と手紙交換②

1学期《がっき》が終《お》わろうとしています。もうすぐ夏休《なつやす》みです。1学期《がっき》の初《はじ》めに立《た》てた目標《もくひょう》と、今《いま》のあなたに向《む》けて書《か》いた手紙《てがみ》「1学期《がっき》の終《お》わりの僕《ぼく》・私《わたし》へ」を読《よ》みましょう。

1学期《がっき》の初《はじ》めに立《た》てたあなたの目標《もくひょう》はうまくいきましたか？　○をしましょう。

うまくいった　　　どちらでもない　　　うまくいかなかった

その理由《りゆう》は？

「1学期《がっき》の終《お》わりの僕《ぼく》・私《わたし》へ」の手紙《てがみ》を読《よ》んで、その感想《かんそう》を書《か》きましょう。

「1学期《がっき》の終《お》わりの僕《ぼく》・私《わたし》へ」を書《か》いた「1学期《がっき》の初《はじ》めの僕《ぼく》・私《わたし》より」へ手紙《てがみ》を書《か》きましょう。

1学期《がっき》の初《はじ》めの僕《ぼく》・私《わたし》へ

出典：『1日5分！　教室で使えるコグトレ』（東洋館出版社）

図4-24　人生山あり谷ありマップ

1学期《がっき》を振《ふ》り返《かえ》り、1学期《がっき》の山《やま》あり谷《たに》ありマップを作《つく》ってみましょう。

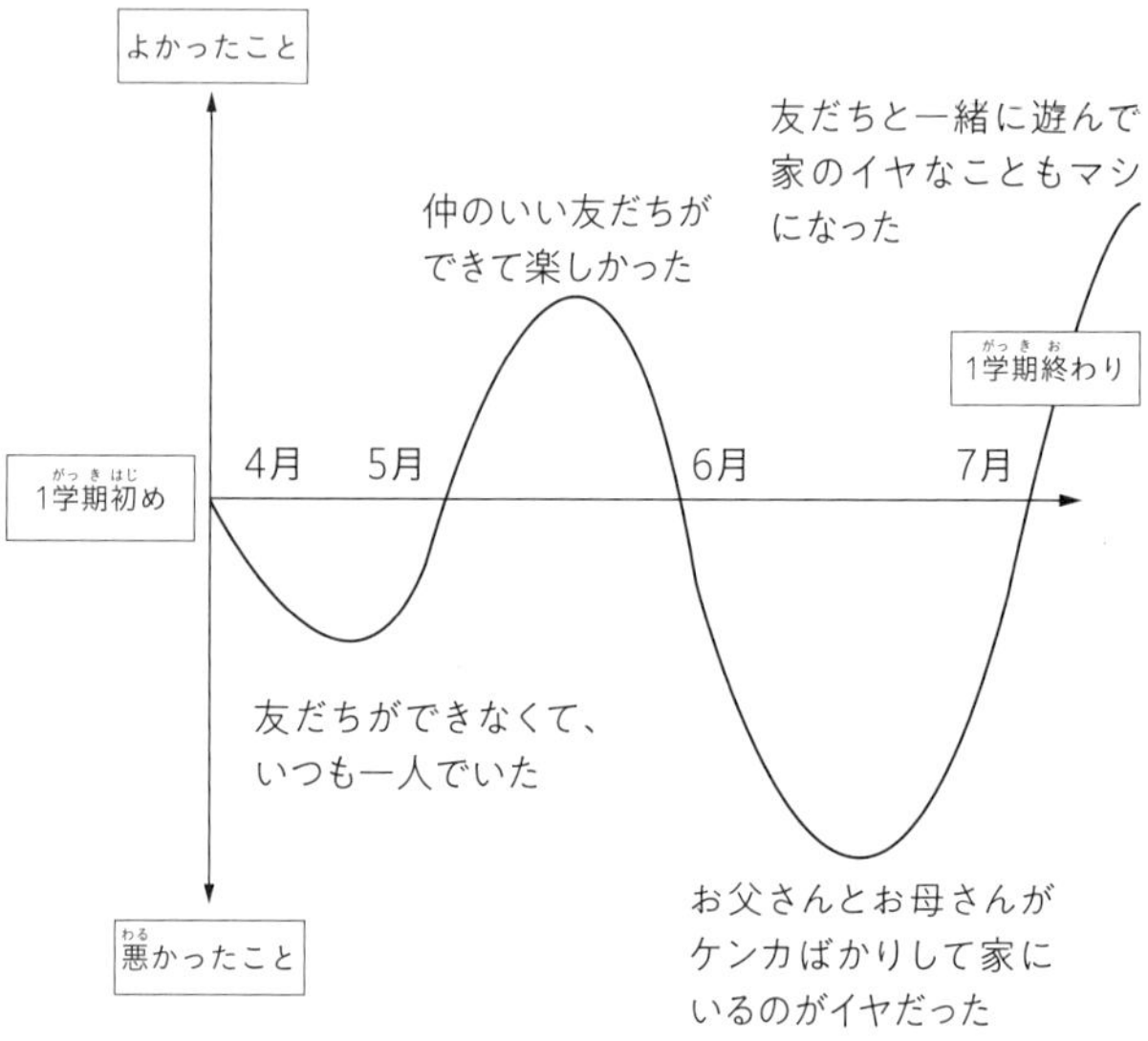

出典：『1日5分！　教室で使えるコグトレ』（東洋館出版社）

てどう感じているかなどを考えることで、自分の気持ちを見つめ直していきます（図4－24）。各学期の終わりに、4月最初からの生活を振り返って、人生山あり谷ありマップを書いていきます。縦軸は上方向によかったこと、下方向に悪かったこと、横軸は時間です。左の原点が1学期の初めで、右端が学期の終わりです。

マップは学期ごとに回収

します。時間軸の最初は常に1学期の初めに固定することで、学期を経るごとに時間軸は伸びていきます。しかし自分にとってつらかった体験が必ずしもいつも同じとは限りません。もっとつらい体験があると以前のつらかった体験が相対的に軽くなるはずです。つらかった体験も時間が経てば意味が変わってくることを体感できれば成功です。またこのマップを通して子どもが何につらさを感じているかを知ることができます。

次に、〝人との接し方を学ぶ〟では特に、言葉でコミュニケーションを取るときに併せて使うノンバーバルコミュニケーション、つまり、非言語的な対人マナーを学んでいきます。例えば挨拶《あいさつ》をするときには、相手との距離を見極め、相手の表情、顔を見て、身体を向けて行なうなど、言葉を発する以前のところでいろいろな気遣いが必要です。こうしたノンバーバルのマナーが苦手で、対人関係がうまくいかない子どももいます。その部分を紙面上で、うまくいかないだろうやり方とうまくいくだろうやり方を比較しながら学んでいくトレーニングです。

対人マナートレーニングのワークシートには、挨拶のマナー、誘うマナー、尋ねるマナー、頼むマナー、謝るマナー、断るマナー、お礼のマナーなど七つの基礎マナー力の課題があり

図4-25　人にものを頼もう

図書室《としょしつ》であなたは本《ほん》を読《よ》んでいます。ゆきさんはあなたの読《よ》んでいる本《ほん》を読《よ》みたいようです。ゆきさんが自分《じぶん》の本《ほん》と変《か》えて欲《ほ》しいと言《い》ってきました。あなたならどのような時《とき》に交換《こうかん》したくないか、交換《こうかん》してもいいと思《おも》うか、下《した》のマスにそって考《かんが》えましょう。

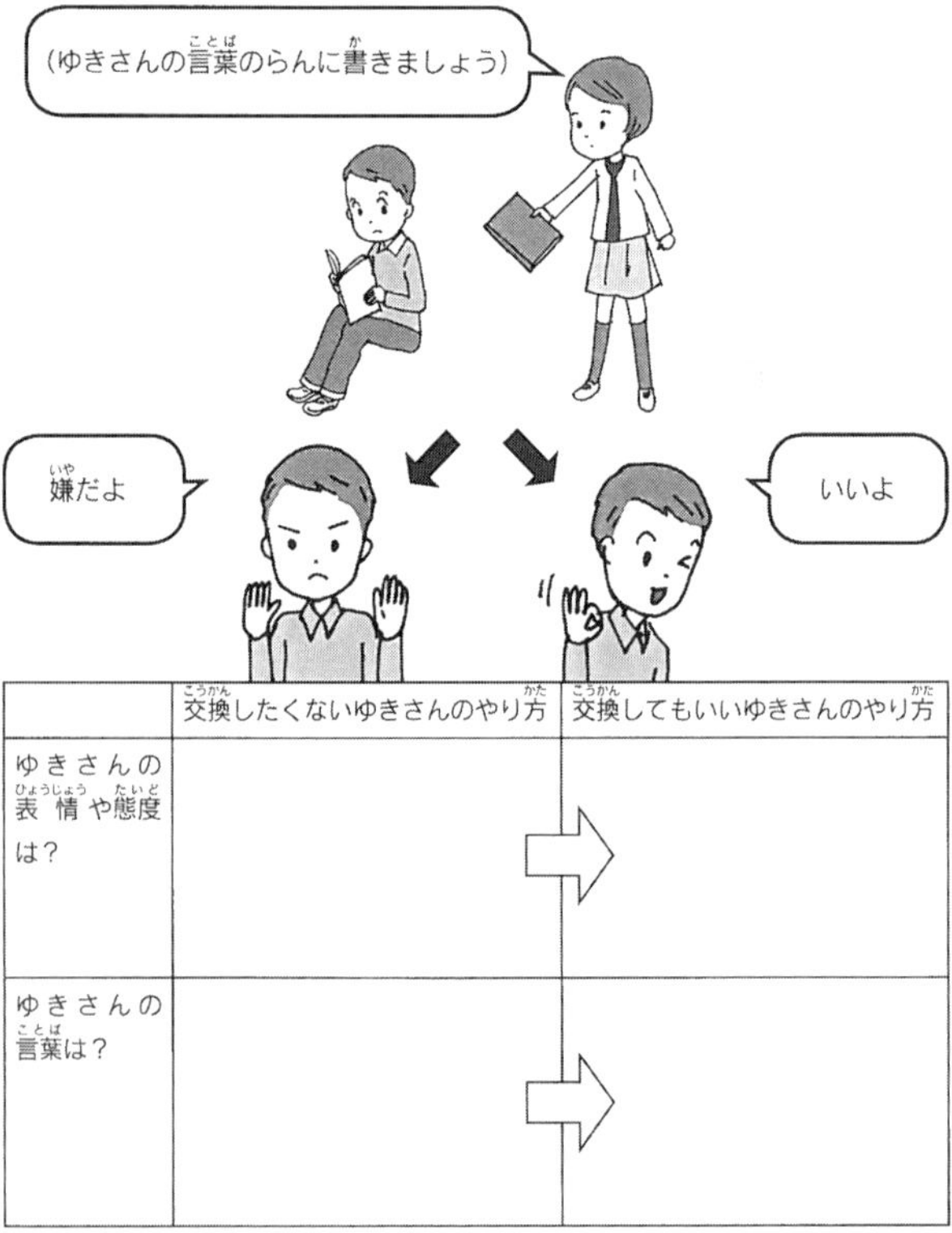

	交換《こうかん》したくないゆきさんのやり方《かた》	交換《こうかん》してもいいゆきさんのやり方《かた》
ゆきさんの表情《ひょうじょう》や態度《たいど》は？		
ゆきさんの言葉《ことば》は？		

出典：『1日5分！　教室で使えるコグトレ』（東洋館出版社）

ます。

例えば、右の例（図４‐25）ですと人に何かを頼むときに、ある表情や態度で頼んだら相手は「嫌だよ」と言いましたが、別の表情や態度で頼んだら「いいよ」と言って引き受けてくれました。それぞれの内容を考えてもらうのです。

ポイントとして、自分ならどのような頼み方をされると嫌な気持ちになるかを想像し、さらに、そうならない頼み方を考えることで、うまい頼み方を学んでいきます。時間があればこれらのやりとりをロールプレイしてみましょう。

今の時代、うまくいく方法ばかりを教える傾向にありますが、ここでは「こんなことをすると悪い結果になる」「こうすると失敗する」ということも考えさせ、では、それをしなければいいのだという視点から学んでもらう方法です。〝余計なことは何もしない〟これだけでも対人マナーは上がります。これなら紙面上でも容易に学べます。

〈危険予知トレーニング〉

生活する上でさまざまなところに潜む危険を子ども自身が自分で予知して、事前にそれらの危険を回避するというトレーニングです。

子どもの死因として、「不慮の事故」が5～9歳の子どもの2位、1～4歳、10～14歳の子どもの3位になっています（「人口動態調査」２０２０年）。「不慮の事故」の中でも、特に多いのは交通事故や水の事故などです。

でも大人がいくら「気を付けなさい」と注意しても限界があります。子ども自身が、どこにどんな危険があるのかを自分自身で予知して、自分で対処しなければなりません。そのためのトレーニングです。

小学校でもある程度は指導されていると思いますが、ここでは場面によって違うリスク、つまり、屋内でのリスク、屋外でのリスク、人に対するリスクといった系統的なトレーニングとして取り入れています。

例えば、図4－26は屋外でのリスクです。これを子どもに見せて「どこが危険でしょうか。危険だと思われるところに×と番号をつけてください」「なぜ危険か、理由を書いてください」「危険な順に番号を並べてください」という順で取り組みます。

この場合は、出合いがしらにベビーカーと子どもたちがぶつかるかもしれません。また、猫が赤ちゃんを襲うかもしれません。塀の上から植木鉢が落ちてくるかもしれないし、左か

図4-26　危険予知トレーニング

近所の曲がり角で母親がベビーカーを押しています。母親の左側にはネコがいました。……10分後《ぶんご》、救急車《きゅうきゅうしゃ》が到着《とうちゃく》しました。

なぜ救急車《きゅうきゅうしゃ》がくることになったのでしょうか？　危《あぶ》ないと感《かん》じたところに×をつけ、横《よこ》に1から順《じゅん》に番号《ばんごう》をつけましょう。次《つぎ》に×をつけたところがどうしてあぶないと思《おも》ったのか下《した》に書《か》きましょう。

1（　　　　　　　　　　　　　　　　　　　　　）

2（　　　　　　　　　　　　　　　　　　　　　）

3（　　　　　　　　　　　　　　　　　　　　　）

4（　　　　　　　　　　　　　　　　　　　　　）

5（　　　　　　　　　　　　　　　　　　　　　）

危険《きけん》だと思《おも》う順番《じゅんばん》にならべましょう（　　　　　　　　　　）

起《お》こると思《おも》う順番《じゅんばん》にならべましょう（　　　　　　　　　　）

あなたは何《なに》が一番《いちばん》あぶないと思《ねも》いますか？（　　　　　　　　）

出典：『1日5分！　教室で使えるコグトレ』（東洋館出版社）

ら自動車が飛び出してくるかもしれない。

こうしたことを予測して、×をつけ、解答欄に書き込むのです。記入が終わったら、数人に発表してもらい、他の人が感じた危険箇所とその理由の相違を確認してもらいましょう。

ポイントとしては、もし他の子が気づいたのに、自分で思いつかなかった箇所があれば、×を記入させましょう。危険がなかなか予想できない子どもには、それが起これればどんな結果につながるかを考えてもらい、その危険に気づいてもらいましょう。例えば、図4－26の例では、「左から急に車が飛び出してきたらどうなるか？」「前を走っている子どもが急に立ち止まったらどうなるか？」などです。もし、あり得ないような危険が出た場合は（例、ライオンが出てくるなど）、それを否定せず、それがどの程度起こり得るかを考えてもらい、優先順位をつけてもらいましょう。

〈段階式問題解決トレーニング〉

何かの問題が生じたとき、通常、対処すべきいくつかの解決策を考え、次にその中からどの解決策が最もうまくいくかを考え、選択し、実行します。そしてその結果をみて成功したならそのまま続けますし、失敗すれば違う解決策を選び直します。フィードバックを含めたこの一連の流れが問題解決トレーニングの手順です。

ここでもし、思考が硬く柔軟でない場合は解決策が少ししか出てきません。すると最適な選択肢かどうかわかりませんし、そのような子は過去に失敗していても何度も同じ間違いを繰り返してしまうのです。

ここでは段階的に、より柔軟な解決策を出しながら、うまく問題解決ができる力を養っていきます。問題解決トレーニングは、日本ではビジネス向けのものはありますが、欧米、特にアメリカでは子どものためのトレーニングとしてもよく使われています。

ここでは、段階的に問題解決トレーニングを行なえるように構成されています。以下の三つの段階からなります。


［段階１］何があったか考えよう　この段階では問題の結末が最初から定めてあります。ワークシートに困った場面を含んだ短い物語があります。話は途中で途切れ、時間が経過すると問題が解決しています。いったい何が起きてどう解決されたのかを考えることで、負担なく問題解決の力をつけていきます。

例えば、図４－27のようなケースです。Ａさんは ＢさんとＣさんのけんかに巻き込まれて

図4-27　何があったか考えよう

Aさんは困《こま》っています。

Bさんと C さんはどちらも A さんの親友《しんゆう》です。
ある日《ひ》、B さんと C さんがけんかをしました。2人《ふたり》とも仲直《なかなお》りしません。A さんは、B さんと C さんの両方《りょうほう》から「どっちの味方《みかた》？」と聞《き》かれました。
A さんは 3 人《にん》で仲《なか》よくしたいと思《おも》っています。

(時間《じかん》が流《なが》れます)

A さん、B さん、C さんの 3 人《にん》で仲《なか》よく遊《あそ》んでいます。

考《かんが》えてみよう

にはどんなことがあったでしょうか。
短《みじか》い話《はなし》をつくってみましょう。

出典:『社会面のコグトレ　認知ソーシャルトレーニング2』(三輪書店)

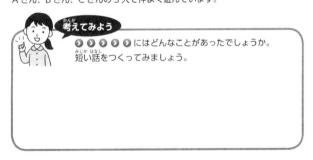

しまい困っています。そして時間が流れると、うまく解決していました。その間、いったい何があったのかを考えてもらいます。

結末をハッピーエンドに設定しておくことで、より前向きな解決策を考えさせます。

ポイントは、より現実的な問題解決法の目安として、解決策、時間（時間の経過が考慮されている）、障害（すぐにはうまくいかないことも考慮されている）の三つがまんべんなく含まれることです。したがって、どんな方法を使うか以外に、どのくらい時間がかかるか、解決までにどんな障害があるかなども考えさせるといいでしょう。

［段階２］目標を決めよう　この段階では問題解決の目標を決める練習をします。解決すべき問題の目標が不適切であれば、解決策を考えてもあまり意味がないからです（例えば、友だちとは仲良くしない、という目標を決めてしまうなど）。そこでその目標のメリット、デメリットの観点で考えていくことで、より適切な目標が選べる力を養います。

図４－28では、ゲームを買うか、友だちと遊ぶか迷っている状況です。それぞれにメリット、デメリットがあります。決めるのは本人です。

図4-28　目標を決めよう

A君《くん》は迷《まよ》っています。

A君《くん》はお店《みせ》でずっと欲《ほ》しかったゲームを見《み》つけましたが、2000円《えん》と高《たか》かったので、買《か》うのを迷《まよ》っています。お店《みせ》の人《ひと》は、「あと3日《みっか》したら割引《わりびき》セールで1000円《えん》になるよ。でも、売《う》り切《き》れるかもしれないなあ」と言《い》いました。A君《くん》は2000円《えん》しか持《も》っていません。今買《いまか》うと、おこづかいがなくなってしまい、明日友《あしたとも》だちと遊《あそ》びに行《い》けなくなってしまいます。

次《つぎ》の表《ひょう》を埋《う》めてみましょう。

	A君《くん》は今買《いまか》う	A君《くん》は3日後《みっかご》まで待《ま》つ
いいこと		
悪《わる》いこと		

A君《くん》はどうしたらいいでしょうか？　自分《じぶん》にも当《あ》てはめて考《かんが》えましょう。

出典：『社会面のコグトレ　認知ソーシャルトレーニング2』（三輪書店）

ポイントは、目標の選定に当たってはあえて大人の価値観を押し付けないようにすることです。思考の柔軟さがなくなるからです。あくまで決めるのは本人自身です。その目標を選んだときにどんな結果になるかを予想させることで、子どもに気づきを与えます。

不適切な行動のメリットのほうが強ければ、その方法を修正できなくなります。不適切な行動によって生じるデメリットに少しでも気づかせるにはどうするかは、次の「あなたならどうする？」で扱います。

［段階３］あなたならどうする？　最終段階です。「何があったか考えよう」のシートで問題が解決していない場面を設定したシートを用います。まず目標を決め、それからどう解決していけばいいかを考えてもらいます。目標を決める方法は段階２の「目標を決めよう」を参考にします。

例えば、次のようなシーンです（図４－29）。まず目標を決めます。そしてそうなるための解決策を五つほど考え、さらにその結果を予想していきます。

図4-29　あなたならどうする？

A君《くん》は悲《かな》しそうです。

A君《くん》は転校生《てんこうせい》です。まだ学校《がっこう》に慣《な》れていなくて、仲《なか》のいい友《とも》だちもできていません。

ある日《ひ》、背中《せなか》に「バカ」と貼《は》り紙《がみ》をされていることに気《き》がつきました。

どうなったらいいと思《おも》いますか？
(　　　　　　　　)

そうなるためにはどうやって解決《かいけつ》したらいいでしょうか？　どうなるでしょうか？

1. (　　　　　　　　)→(　　　　　　　　)
2. (　　　　　　　　)→(　　　　　　　　)
3. (　　　　　　　　)→(　　　　　　　　)
4. (　　　　　　　　)→(　　　　　　　　)
5. (　　　　　　　　)→(　　　　　　　　)

あなたなら、どの方法《ほうほう》を選《えら》びますか？　選《えら》んだ理由《りゆう》は？
(　　　　　　　　)

出典:『社会面のコグトレ　認知ソーシャルトレーニング2』（三輪書店）

ポイントとして、いかに思考を柔軟にして、問題解決のために多くの解決策を出せるかが大切ですので、最初から最適な解決策を求めようとするのではなく、思いついた順から解決策を書いてもらいましょう。問題の解決策は子どもによってさまざまです。もし非現実的な方法や非道徳的な方法が出てきても、そこは一つの案として挙げてもらい、果たしてそれでうまくいくのかを考えさせましょう。現実的な解決策か、本当にそれでうまく解決するのか、ズルくない方法かなどが解決策の目安となります。

このトレーニングで〝困ったことがあったら一人で抱えこまず、誰かに相談してみること〟や〝相手にしてほしいことがあった場合、直接頼む以外にも根回しという方法がある〟といったことを知ってもらいましょう。

3　身体面のコグトレ、認知作業トレーニング

三つの大分類と七つのトレーニング

身体的に不器用な子どもたちの特徴は、「ものによくぶつかる」「ものをよく壊す」「力加

減ができない」「左右がわからない」「ボールをうまく投げられない」「姿勢が悪い」「じっと座っていられない」などです。

それぞれに異なった原因が考えられ、それに対応したトレーニングが必要です。例えば「姿勢が悪い」という場合は、筋緊張の問題が考えられます。筋緊張が緩い場合は、どうしてもダラーッとなってしまい、さまざまな運動に支障をきたしてしまいます。逆に筋緊張が強すぎると、ロボットみたいに動きがぎこちなくなります。中程度の筋緊張をいかにつくるかということがポイントです。

手先が不器用という子は、姿勢が悪い場合も多いようです。ですから、しっかり姿勢を整えることが先決になります。姿勢を整えるには筋緊張を整えることが必要で、また、体幹の弱さも関係してきます。

また、いったんしっかり立たせても、じっと立っていられない子がいます。両足で立っても、ちょっと押すとふらついてしまったり、片足立ちを試すとあっという間に足を床についてしまう子もいます。このような子は、身体のバランスに問題がありますが、バランスといっても体幹のバランスもありますし、目で補正するバランスもある。どちらに弱さがあるかなどのチェックが必要です。

また「ものによくぶつかる」「ものをよく壊す」場合は、自分のボディイメージができていないという場合が多いでしょう。

これらのように身体的な不器用さは筋緊張、体幹、視空間認知の弱さなどとも関係しています。身体面のコグトレである認知作業トレーニングは、これらの不器用さの原因になっている箇所を改善することを目指します。

特徴として、指導者が一方的に介入・指導するトレーニングとは異なり、指導者が対象者の認知機能にも働きかけ、適時、適切なフィードバックを行なう点があります。対象者自身が、その運動の目的を理解し、うまくできるようになるためにはどうすればよいか、失敗したらどこを直せばよいかを考えることを援助するのです。

認知作業トレーニングは、三つの大分類と七つのトレーニングから構成されています。

・自分の身体……身体を知る、力加減を知る、動きを変える
・物と自分の身体……物をコントロールする、指先を使う
・人の身体と自分の身体……動きをまねる、動きを言葉で伝える

図4-30　三つの大分類と七つのトレーニング

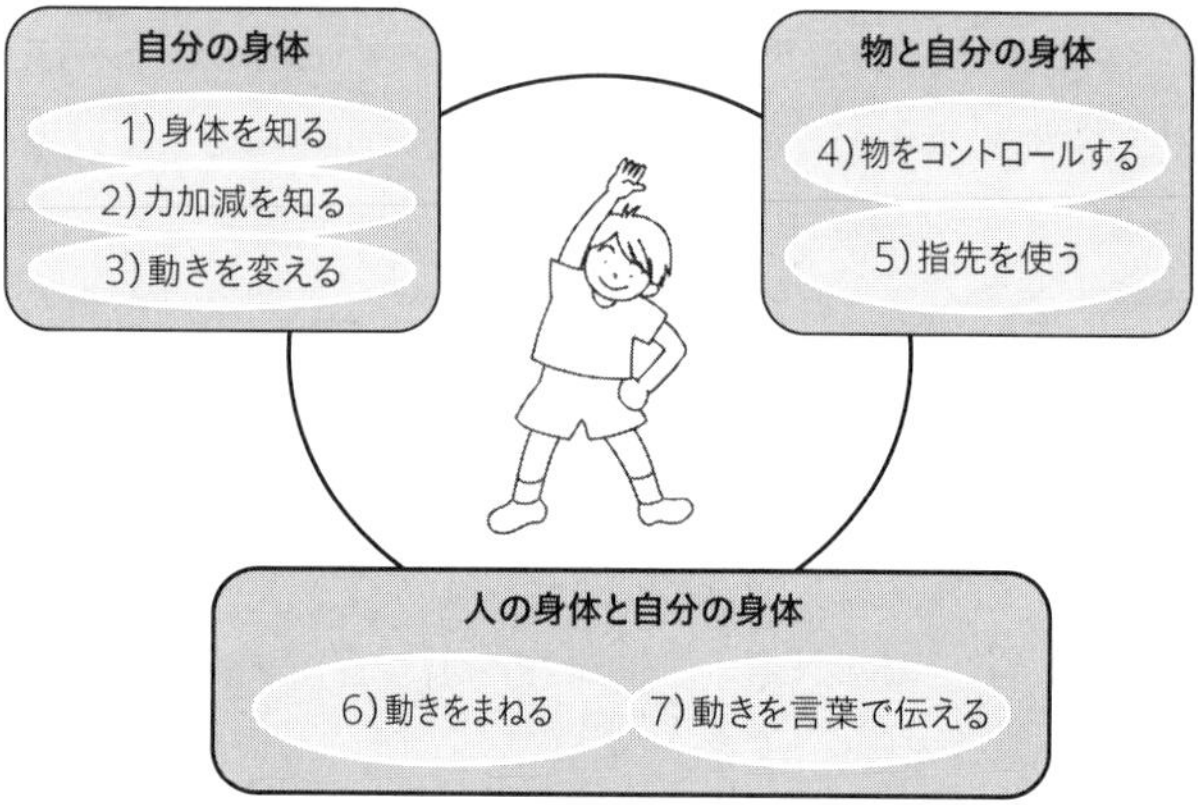

出典:『不器用な子どもたちへの認知作業トレーニング』(三輪書店)

「自分の身体」は、ボディイメージを高めるのが大きな目的です。

身体を動かすことによって、脳が身体からの感覚情報をキャッチし、自分の姿勢や手足の位置関係を知ることができます。少し前の姿勢と今の姿勢を比べることによって、動いた姿勢や手足など身体の位置の変化を知ることができます。通常はそれが無意識にできるようになっていますが、この感覚情報がうまく伝わらないとバランスを崩したり、力加減ができなかったりすることがあります。

「物と自分の身体」は、身体を使って物をコントロールするトレーニングをしていきます。私たちが手足を使って、物を操作するには、まず「こうしたい」という動機から始まり、物を見て、手や指、足をどのように動かしたらよいかをイメージし、身体を動かします。誤差があれば、それを修正し、再度動作します。この一連のプロセスには、脳の複数の個所が関連しています。トレーニングによってそれらの機能を高めるようにします。

「人の身体と自分の身体」は、社会生活において適切な行動がとれるためのトレーニングを行ないます。人に言われたとおりに動く、人にしてほしい行動を言葉で伝える、人の真似をするなど、人との関係性の中で自分の身体をコントロールするトレーニングをしていきます。

自分の身体が人と関わる場合、予測の難易度が物より高くなります。物の場合は、毎回同じようなフィードバックがされますが、人の場合は必ずしも同じとは限りません。より多くの情報をキャッチし、さまざまな反応パターンを予測し、記憶し、適応することが必要です。

身体面の不器用さをチェックする

身体面の不器用さを抱えているかどうかを自己判定するチェックシートもあります。自分の身体の動きを思い出して、当てはまる項目に○をつけてもらいます。

1：当てはまる　2：だいたい当てはまる　3：あまり当てはまらない　4：当てはまらない

1　物によくぶつかったり引っかかったりしない。（1 2 3 4）
2　前に立った人の左右がわかる。（1 2 3 4）
3　着替えのときは周りの人と同じようにすぐできる。（1 2 3 4）
4　ボタンの留め外しがすぐできる。（1 2 3 4）
5　靴ひもを上手に結ぶことができる。（1 2 3 4）
6　先生から「人と近づきすぎ」や「遠すぎ」とは言われない。（1 2 3 4）
7　集団行動や体育等で左右を間違えない。（1 2 3 4）
8　「気をつけ」の姿勢を長く続けることができる。（1 2 3 4）
9　歩くときに同じ側の手足が同時に出ない。（1 2 3 4）
10　歩くときスムーズに手足が動かせる。（1 2 3 4）
11　号令に合わせて行動ができる。他の人とずれたりしない。（1 2 3 4）
12　音楽に合わせて動くことができる。（1 2 3 4）
13　つま先立ちや片足立ちをしても、バランスがうまく取れる。（1 2 3 4）

14　一定のリズムで走ることができる。（１２３４）
15　ボールをうまく投げることができる。（１２３４）
16　球技中の空振り、暴投、単純なミス等が少ない。（１２３４）
17　物の取り扱いがうまくできる。（１２３４）
18　字を書いたとき、先生から「濃すぎる」や「薄すぎる」と言われたことがない。（１２３４）
19　移動時に方向や行き先を間違えない。（１２３４）

合計　　点

点数が少ないほど器用で、点数が多くなるほど不器用ということを意味しますが、点数の基準はありません。あくまで自分を知るためのチェックリストです。トレーニングの前後で点数を出し、子どもたちに自分で身体の変化を比較してもらうとよいでしょう。

ただし発達性協調運動症といって、発達上の障害が原因であることも考えられます。この場合には専門家による詳細なアセスメントが必要です。

図４-31　コグトレ棒の作り方

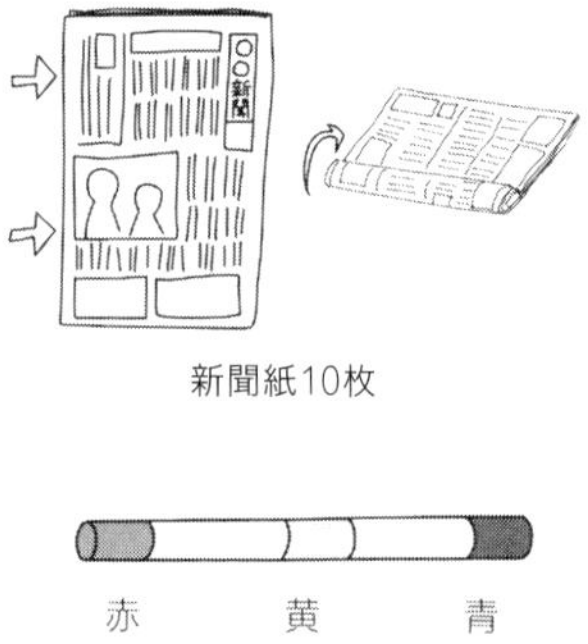

図４-32　「側屈」という運動

出典：『不器用な子どもたちへの認知作業トレーニング』（三輪書店）

〔自分の身体〕

身体を知る　「身体を知る」は、柔軟運動、身体への意識づけ、バランス運動の三つから成ります。以下、その中の代表的なトレーニングをご紹介します。

トレーニングの前にコグトレ棒という棒を用意します。新聞紙10枚をくるくる丸めて、カラー布テープの赤、黄、青を貼れば、コグトレ棒のできあがりです（図４－31）。

「柔軟運動」の中の「側屈」という運動は、コグトレ棒を両手で軽く握って上げ、真横に曲げる運動です（図４－32）。まっすぐ立った基本姿勢より、20度以上曲げるようにし、左右３回以上繰り返します。前や後ろに傾かないように注意するのがポイントです。難しいときは、壁を背にして壁から身体が離れないようにしてやってみましょう。

「バランス運動」の「閉眼《へいがん》片足立ち」は、目を閉じて片足立ちをし、指導者の指示に従って、腕をゆっくり動かします。例えば、右手を頭に、左手を水平に、などです。腕を動かしてもふらつかないように頑張ります。持続時間の目標は５秒。閉眼が難しい場合は、開眼《かいがん》での片足立ちから始めるとよいでしょう。グループで行なう場合は、片足立ちの時間の長さを競う勝ち抜き戦のゲームをしたりすると、楽しくバランス運動ができます。

力加減を知る　「力加減を知る」は、「押す、引く、力を合わせる、姿勢を保持する」の四つのトレーニングから成ります。

「押す」の「壁押し」は、手で壁を押す運動です（図４－33）。このとき、力の強さを１から５までの５段階に設定します。

１段階：そっと触れる

図4-33　「壁押し」

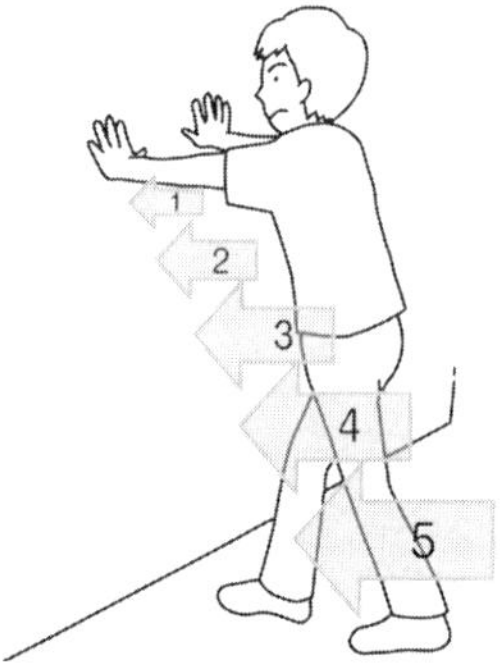

出典：『不器用な子どもたちへの認知作業トレーニング』（三輪書店）

２段階：少し押す
３段階：少し力を入れて押す
４段階：大きく力を入れて押す
５段階：全力で押す
という具合です。

いろいろな力で試した後、５の力で押すには、どのような姿勢がよいかを考え、試します。子どもによっては、壁を全力で押すときにとても姿勢が悪くなることがあります。例えば、姿勢がふにゃふにゃで、それではとても全力で押せないだろうというような変な姿勢で押す子が見られます。それ以外にも、ひじが曲がっている、腰の位置が高い、足をそろえている、腕が開きすぎているなどの姿勢では、壁を強く押せません。より安定して強く押すためには、両ひじをしっかり伸ばす、足を前後に開く、腰を低くすることが大切です。

ところで筋緊張が強すぎる子どもは、力を抜くということが必要ですが、「力を抜く」といっても、どんなふうに抜いたらよいのかわからないでしょう。そこで、まず全力を出し、自分の全力がどうなのか、自分の力加減を知ることから始めます。全力を5としたときに、「では3はどう？」「4はどう？」といった形で力加減を番号で理解させるといいでしょう。

「姿勢を保持する」の「V字腹筋」は、仰向けに寝て、上半身と下半身を上げ、V字をつくって、その姿勢を90秒以上保つという運動です。頭とかかとは、床から30㎝以上離します。このとき、ひざが曲がらないように気を付けます。

動きを変える　外部の刺激で動作を切り替えることで注意力を向上させます。「動きを変える」は、聴覚的注意トレーニングと視覚・聴覚的注意トレーニングの二つから成ります。

視覚・聴覚的注意トレーニングの「色か絵か？」は、まず、いくつかの色と、動物の絵を示して、それぞれが表す「行動」を覚えさせます。例えば、「赤」は止まる、「黄色」は走る、「青」は歩く、「ウシ」は歩く、「ウサギ」はぴょんぴょん跳ぶ、「イヌ」は走る、「木」は止まる、といった具合です（図4－34）。

その後、スクリーン上に、指導者が色のついた絵を示します。例えば、黄色の背景にウシが描かれた絵を示した場合、指導者が「絵」と言うと絵の動きに従い、「ウシ」の行動をと

図4-34 「色か絵か？」

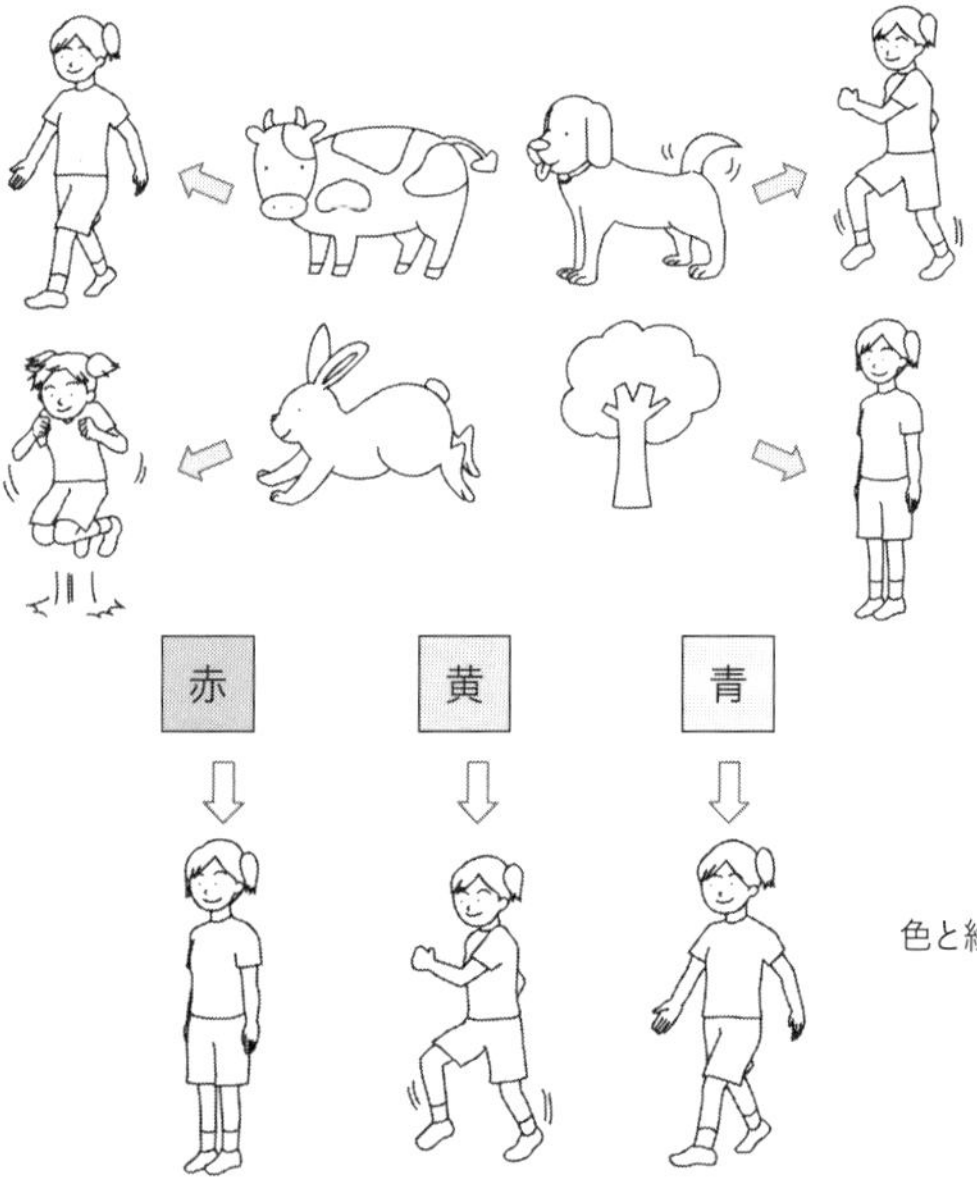

色と絵

実施の例

出典:『不器用な子どもたちへの認知作業トレーニング』（三輪書店）

る、すなわち歩きます。「色」と言うと色の動きに従い、「黄色」の行動をとる、すなわち走ります。このように、耳と目から入ってくる情報をもとに身体をコントロールするトレーニングです。

〈物と自分の身体〉

物をコントロールする　コグトレ棒やボールを使った運動を行なうことで、瞬発力や協調運動能力を高めます。「物をコントロールする」は、棒運動とキャッチ棒・玉の二つから成ります。

　例えば、一人でコグトレ棒を投げてキャッチするトレーニングが「棒回転」です。この際、コグトレ棒にある色を利用します。次は３〜４人が輪になって、コグトレ棒を投げてキャッチし合う、「みんなでキャッチ棒」を行ないます。

指先を使う　指先の細かい動きをトレーニングするとともに、目標を達成する考え方を合わせてトレーニングします。「指先を使う」は、ブロック積み、爪楊枝《つまようじ》積み、新聞ちぎり、ひも結び、テニスボール積みの五つから成ります。

図4-35 「ブロック積み」

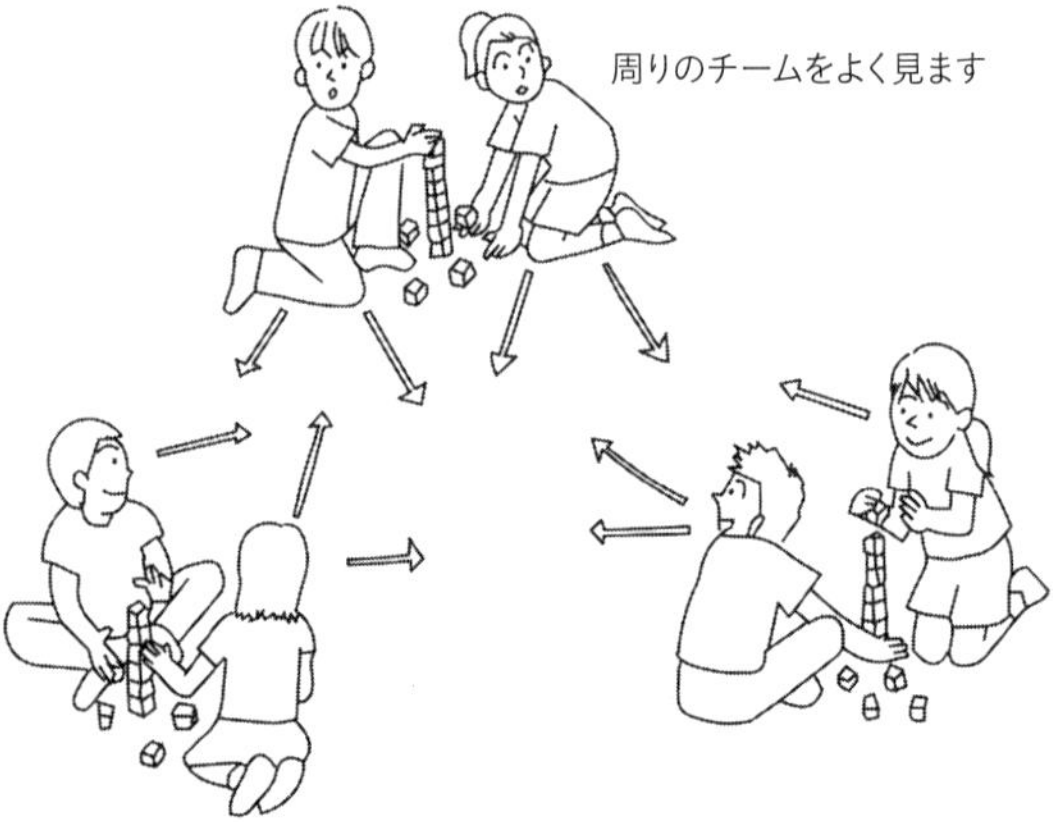

出典:『不器用な子どもたちへの認知作業トレーニング』(三輪書店)

「ブロック積み」は、数人ずつのグループに分かれて、できるだけ積み木を高く積み上げるトレーニングです(図4-35)。ただし90秒という時間制限があり、90秒経った時点で一番高いチームが勝ちになります。積み上げすぎたら崩れますので、いかに適度なところで止めるかという、ブレーキをかける練習にもなっています。ブロックがない場合は、爪楊枝を井形に積み上げる「爪楊枝積み」でもいいでしょう。

〈人の身体と自分の身体〉

動きをまねる　2人ペアで行ないます。相手を自分の前に立たせて、相手の動作をまねます（図４－36）。相手の姿勢を記憶してまねることで、静的、動的な動作の記憶方法を学びます。このトレーニングは、身体を使った作業や仕事を身につけることに役立ちます。「動きをまねる」は、基礎模倣（静止姿位《しい》）、関係模倣（物の使用）、動作模倣（連続動作課題、記憶更新課題、遅延再生課題）の３カテゴリから成ります。

基礎模倣では、例えば、右手は肩、左手は頭にのせて、右足を前に出す動作を、鏡のようにまねるのではなく、相手と同じ動作をしてまねます。相手が右足を前に出したら、自分も右足を前に出します。同時にまねる場合と、いったん覚えてから後でまねるなど難易度調整もできます。

「動作模倣」では、例えば、左手を頭→腰→ひざに移動する３連続程度の動作を、順に覚えてまねます。

図4-36　動きをまねる

出典：『不器用な子どもたちへの認知作業トレーニング』（三輪書店）

動きを言葉で伝える　「姿位伝言ゲーム」は、動きを言葉で伝えるというトレーニングです。指示された姿位をパートナーに言葉だけで伝えることで、身体部位の働きや使い方の言葉による表現力や観察力を養うねらいがあります。また、正確に伝えるためのコミュニケーションの練習にもなります。

以上、認知作業トレーニングを紹介させていただきました。これらは現在、特別支援学校、通常学校の通級クラス、少年院等でも行なわれています。

4　少年院での実践とその成果

立方体が描けるようになった

ここまでご紹介してきたコグトレは、私が医療少年院で行なってきたトレーニングがベースとなっていますが、そのうち、学習面の認知機能強化トレーニングの実際の効果について、ご紹介したいと思います。

知的障害や発達障害をもった非行少年が収容されている、ある少年矯正施設で行なったトレーニングの結果をご紹介します。対象はＩＱ85以下の中学生、高校生に該当する年齢の子どもたち24名で、各12人をランダムに分け、トレーニングを受ける群（対象群）とトレーニングを受けない群（コントロール群）で検証を行ないました。対象群は、グループトレーニングと個別トレーニングを並行して4か月間行ないました。

グループトレーニングでは、視覚記憶、聴覚記憶、処理速度の向上を目的とした課題を、1回約80分、週2回、個別トレーニングでは週3～4回、1日1時間程度、個別の課題を行ないました。効果の測定には、トレーニングの前後とトレーニング終了3か月後の計3回、DN－CAS認知評価システム、レーヴン色彩マトリックス検査（RCPM）、ワーキングメモリ検査（数唱、視空間記憶）、Reyの図、表情認知といった検査を使用しました。詳細は省きますが（詳しくは、『コグトレ　みる・きく・想像するための認知機能強化トレーニング』［三輪書店］をご参照ください）、対象群のみDN－CAS、RCPMやワーキングメモリ検査などで有意な上昇が見られました。表情認知にも有意な向上が認められたことから、表情を読む力、つまり社会性の向上にもつながる可能性も示唆されました。

そのほか、立方体やReyの図をきちんと描けなかった少年が、しっかり描けるようになりました（図4－37）。

図4－38のような自画像を描いていた子も、しっかり描けるようになりました。これを見

図4-37　立方体

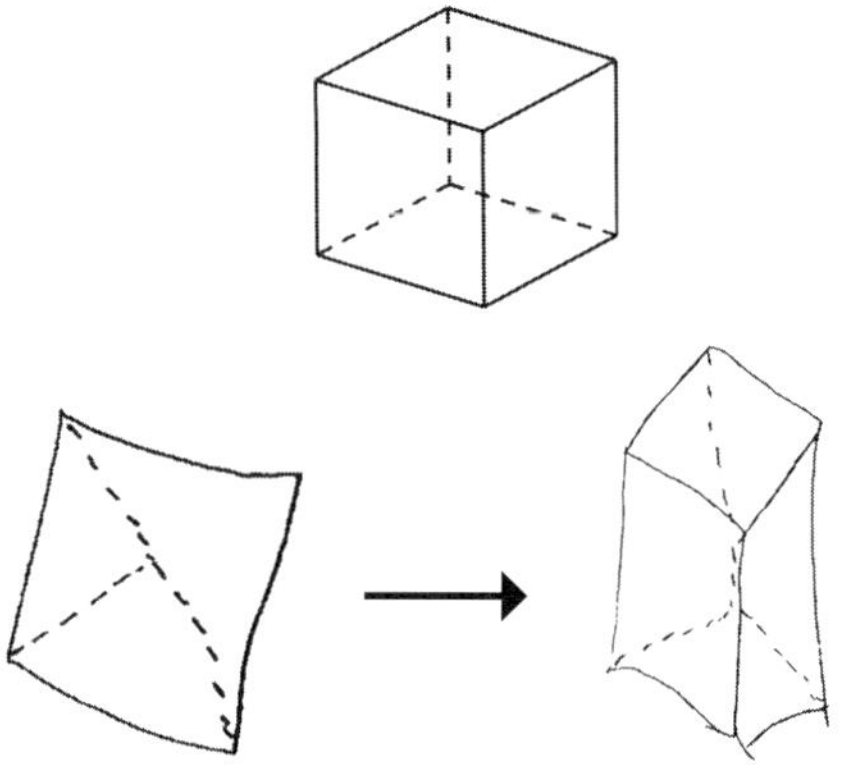

出典:『コグトレ　みる・きく・想像するための認知機能強化トレーニング』(三輪書店)

ただけで、難しい検査をしなくても「変わった」ということがよくわかるかと思います。

少年院での生活にも変化がありました。ある少年は少年院に入れられたことが納得できず、毎日のように泣いて「死にたい」と言うのを繰り返していました。そのため集団寮に入れず個別寮で様子をみていたのですが、その間、寮の先生がコグトレシートをさせていたところ、特に「くるくる星座」に没頭しました。すると次第に言動にも変化がみられるようになり、一切泣かなくなり、集団寮にも移ることができ、全くの別人になりました。

その後、本人に聞いてみますと、

「くるくる星座をやっていると、この線は右だから、写すほうも右方向で……、と考えることが増えてきました。そしたら、今どうして僕がここにいるのかとか、先生は僕のためを思っていろいろと声をかけてくれているんだなと考えるようになって、頑張ろうという気持ちになれました」

と述べました。このような思考ができるようになったことこそが、コグトレの一つの成果だと思います。「くるくる星座」でないと駄目という訳ではないですが、ああでもない、こうでもない、と無心に考えることで論理的思考が身につき、自分の置かれている立場、将来のことなども冷静に考えられるようになったのではと感じています。単に計算問題や算数の文章題をやらせても、きっと九九を覚えていないことで挫折したでしょう。パズルのように興味深く取り組めて論理性が身につく課題として、「くるくる星座」などの

図4-38　自画像

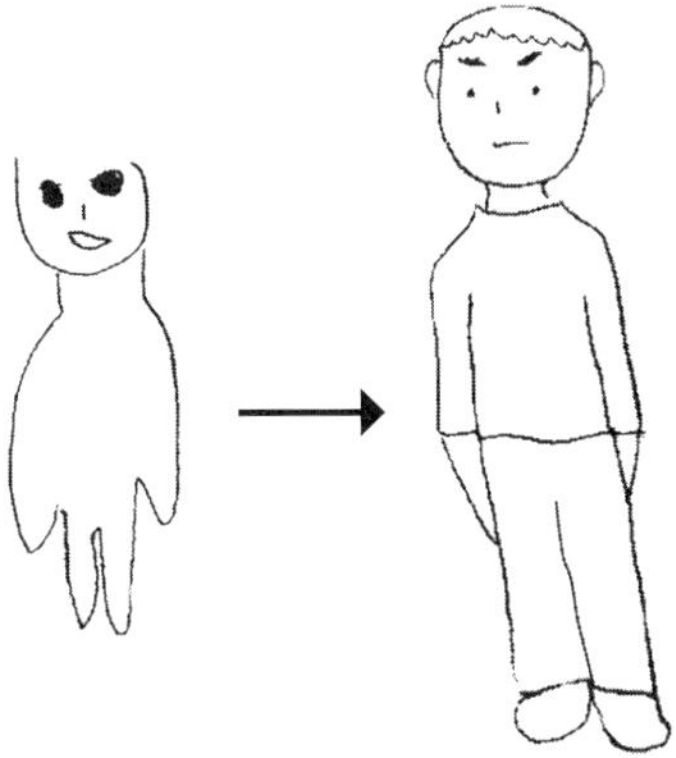

【トレーニング前】　【トレーニング後】

出典:『コグトレ　みる・きく・想像するための認知機能強化トレーニング』（三輪書店）

シートがモチベーションを保つ上でも効果的なのだと思います。
他にも、突き詰めて考えることがとても苦手な少年がいましたが、コグトレの課題に取り組んだことで、物事を論理的に考えられるようになり、自然に考える習慣が身についたと言います。

トレーニング後に少年たちに実施したアンケートでは、次のような声が寄せられました。

・「最初は何も意味もないと思っていたけど今は少しだけど何か自分のどこかが変わったと分かるようになりました」
・「初めのころは恥ずかしさや、何でこんなことしなあかんねんと思っていましたが、出来なかった問題がとけるようになり自分に力がついているのではないかと思い、社会に戻っても失敗したくないし、バカにされたくないので最後まで真剣に取り組もうと思いました」
・「学習にしゅうちゅうできるようになりました。コグトレがなかったらこんなにしゅうちゅうできなかったと思いました。いろいろ自分の非行のおこしたじけんのことをしっかり考えられるようになりました」
・「これまで何も考えずにやることが多かったですが、何かやる前にいったん考えるくせがつきました。考える習慣が付いたので被害者のことを考えられるようになりました」
・「こんな事は社会でてからやるきかいがないからここでもっとしっかりきたえとけばよかった」
・「期待どおりにはなれなかったかもしれませんが、ここまで成長できたことにおどろいています。コグトレを作ってくれたことに感謝し、学んだことを身につけられたことを必ず社会で生かします」

始めたころにはよく文句ばかり言っていた少年たちが、最後には感謝の言葉を口にしたのです。

社会に復帰してからの少年たち

このような少年たちが、その後、社会でどう変わったのかまではわかりません。それは彼らのその後を追跡できないからです。我々がもし刑務所に入って、出た後も刑務官から「最近、調子はどう？」と聞いてこられたら嫌でしょう。刑期を終えたのだったら放っておいてほしいはず。それと同じように、出院後の少年たちには会えないのです。

ですから社会でどう変わったかを聞けるケースは、その少年が再入院してきた場合のみです。コグトレを受けて不幸にもまた再入院してきたある少年に聞いた話ですが、社会に出て建設現場で働いていたとき、社長から「お前、記憶力がいいな」と声をかけられたそうです。これまで仕事をしていて褒められたことが一度もなかった少年が「初めて褒められた」と言ってとても喜んでいました。以前なら、1か月で仕事を辞めて職を転々としていたその少年が、褒められることで、なんとか3か月も続いたのです。ただ結局、3か月でダメになってまた悪いことをして再入院となったのですが。

一般の学校にも広がる

コグトレは、少年院以外にも広がっています。非行化した子どもたちの進学を支援する、大阪市内のある中学校で導入されたケースを紹介します。その当時の教頭先生は、コグトレ導入の理由について、次のように仰っていました。

「この学校を出た子の高校中退率は、かなり高いパーセンテージなんです。一般校は大体、4%、5%台なんですけど、私たちの学校の卒業生の高校中退率は85%から90%以上に上ります。原因をその高校に聞いてみますと、その子たちは授業をきちんと聞けない、人の話がきちんと聞けないというようなことだったのです。そこでその改善策として、コグトレを導入しました」

このようにコグトレが学校教育で知られるようになった一つのきっかけは、２０１４年に開催された一般社団法人日本ＬＤ学会のシンポジウムでした。ＬＤ（限定性学習症）・ＡＤＨＤ（注意欠如・多動性症）などの発達障害に関する、日本ＬＤ学会という教育関係の大きな学術研究団体があります。その学会の自主シンポジウムで、少年院で行なっているコグトレを紹介したのです。その際、数人くらいは聞きに来てくれるかな、くらいに思っていたのですが、開始前、入場するために部屋の外で並んでおられた教育関係者の長い行列を見て、こんなにも関心をもっていただいているのかと驚きました。

全国紙の記事でも取り上げられることもあり「自分のところで導入したいが、どうやったらいいか教えてほしい」と少年院まで私を訪ねて来られる教員、教育委員会、市会議員、施設職員の方々が何人もいらっしゃいました。

大阪府のある小学校では、３年生のクラスで授業の始めに約15分間を使って、点をつないで図形を描き写すトレーニングや「最初とポン」などのコグトレを行なっています。「最初とポン」は、前述したように、先生が読み上げる文章の最初の単語を記憶しつつ、文章の中に動物やくだものの名前が出てきたら手を叩くという課題です。これを繰り返して、記憶力や注意・集中力などを鍛えていきます。

この学校では、今から5年ほど前から全学年でコグトレを取り入れてくださいました。子どもたちは「難しいけど、楽しいからずっとやりたい」「楽しいし、勉強にもなる」と楽しんで取り組んでいます。先生はコグトレを導入した理由について、

「学習の基礎になる力をしっかり整えることで、学習の力を向上させてあげたいと思ったからです。以前は、離席とか教室飛び出しが頻出するような学校だったのですが、今は落ちついてじっくりと学習できる子ばかりになりました」

と語っておられました。このように、コグトレが覚えられない、集中できないなど、子どもたちの「できない」の原因を見つけ、可能性を広げる手段になればと学校でも期待されています。

他の小学校ですが、小学6年生を担当する先生のコメントです。

「運動会が終わってから、コグトレに取り組み始めた。1学期は話が聞けず、いつ学級崩壊

が起こるかと、学校に来るのが嫌になっていたが、今、クラスが静かになって話を聞ける場面も増えた。他にこれと言った取り組みをしていないので、コグトレのおかげだと思う。２学期を終えて、落ち着いて授業が受けられる時間が増えてきた」

以下に、実際に取り組んだある中学校の子どもたちの感想も紹介しておきます。

・「何が一番？」を答えるやつは、たくさん人が出てきて、その分、考えるので、頭をとても使うと思う。
・お話をつくるやつ（物語づくり）は、絵をよく見て違いを探さないといけないので、難しかった。
・物語の順番を決めたりするのも、立方体を見つけるの（形さがし）も楽しかったです。
・簡単そうに見えて、けっこう複雑にできていて、問題に取り組むときに、「これがこうか？いや、こっちがこうだから、これはこうだな、などよく頭を使っているところが自分でもわかって、とてもおもしろいです。
・あと少しでできそうってときに、解けたときの爽快感が楽しいです。ぜひ、今後も続けてほしいです。

・普通に勉強しているだけでは、身につけることができないような学習能力が身につくと思うので、よい教材だと思います。それと、やっていて「楽しい」と思えるものなので、普通に勉強するよりやる気が出ると思います。だから勉強が苦手な人でもできると思いました。
・けっこう頭で考えることが多かったので、ハードなことをやっているんだなと思いました。でも、楽しいし、おもしろいし、やる気が出ると思います！　私はもっといっぱいやりたい!!　と思いました！
・数学や国語、理科とは違い、深く考えられるので、考える力がとても身につくと思いました。中学生だけでなく、小学生にやってもらっても効果があると思いました。
・想像力、考え方、見方などの点もあっていいと思います。コグトレがもっと広がり、学力の向上になればと思います。週に1回ぐらいやりたいです。そして、学校、県の学力が上がればいいと思います。

成人施設でも

児童・成人の知的障害者が利用する四国のある入所施設でも実施されてきました。そこの担当者からもお話を伺いました。コグトレ実施前には、

・手間取っている人がいても無関心
・自分ができていたらそれでいい
・人を傷つける言葉を平気で言う
といった態度だった入所者が、
・「Aさん、速いよ、ゆっくりね」と声をかける
・「大丈夫！」と励ます、「GOOD！」と褒める
・「○○さんもやってみる？」と気遣う
といった言葉がけができるようになったとのことでした。
また何かやった際に、感想や意見を聞かれても、
・すぐ返事が返ってこない、首をかしげるのみ
・「いいです」「けっこうです」「どっちでもいいです」「ひみつです」
といった拒否的な答えをしていたのですが、
・返事がすぐ返ってくる
・自分の言葉で感想や意見を言えるようになった。「そっか」「うん（納得）」「いろいろあって難しいです」

・逆に要求や質問もできるようになった。「メモをするので待ってくださいl」「どうやって言ったらいいですか？」

と変わったそうです。さらに説明してわかってもらえないときには、

・自分が説明しているのにわからないのは相手が悪いと責める

・この人には説明しても無理と最初からあきらめる、黙り込む

だったのが、

・わかってもらえないのは自分の説明の仕方が悪いと思う

・どうしたら伝わるかを一生懸命考えるようになった（身振り手振りなど工夫する）

と変わったそうなのです。グループ活動においても、

・一人が好き、無関心、頼れる人に任せっきり

・個々が思った通りばらばらに行動する　↓失敗が多い

だったのが、

・自己主張できる（手伝ってほしい、嫌だ、こうしたいなど）

・相手の意見を聞ける

・良いことを思いついたら提案してみる

・みんなに合わせようとする
・相手や周りを気遣える
・自分の役割を自分で見つける
・自分から寄っていく

といった行動の変化がみられたそうです。これらが全てコグトレの効果だったかどうかはわかりませんが、成人に対しても何らかの変化があったのは確かなようです。

特筆すべきコグトレのアセスメント機能

最近はコグトレシートのアセスメント機能も注目されています。

「子どもの成績が上がらない、ひょっとして認知機能に少し問題があるのでは」と思ったときに、どうすればいいでしょうか。一般的なのは学校を通して各地域の教育センターなどに相談し、発達相談の中で検査を受けるか、発達に詳しい専門家のいる医療機関を受診してそこで検査を受けるかといったものでしょう。

前者の場合は、無料で受けられて結果によっては学校との連携もできる反面、時間がかかる、子どもの発達情報が学校と共有される、方針について担当嘱託医《しょくたくい》（場合によっては心理士）の裁量も大きく当たり外れがある、などのデメリットがあります。後者の場合は、お金がかかり、結果は保護者のみに伝えられるので学校側に子どもにとって必要な配慮をしてほしい場合、保護者自身が調整する必要があるなどのデメリットがあります。

いずれの場合も検査はたいてい知能検査（ウェクスラー知能検査が多い）を受け、あとは必要に応じて追加検査を行なうこともありますが、知能水準の判定や認知機能の特性の評価にとどまることも多く、学習不振の具体的原因の追究まではなかなかつながらないようです。もし、具体的な原因がわかって、保護者からの「ではどうすればいいのでしょう？」といった質問を受けても、「宿題の量を減らしてあげましょう」「視覚的なヒントもつけてあげましょう」といった対症療法的なアドバイスにとどまることがほとんどなのが現状です。なぜそうなるかというと、検査を行なう担当者が、必ずしも教育の専門家ではなく、具体的に何をすれば点数につながるかイメージしにくいこともあるでしょう。

しかし、保護者や学校が知りたいのは、なぜテストの点数が取れないのか、なのです。検査する側も歯がゆい思いですし、保護者からすればせっかく検査を受けたのに納得のいかないことも多々ありそうです。

保護者の不安を諦めに変えて、それで終わりだった

かくいう私自身もかつてはそうでした。某市の発達相談で、学力不振の原因はわかっても、「ではどうしたらいいのでしょうか」といった保護者の藁《わら》にもすがる思いに対して、コグトレができる前は「これといったものがないのが現状です」と答えながら自分の不甲斐なさにいつも悔しい思いをしていました。〝保護者の不安を諦めに変えて、それで終わる〟、ということがほとんどでした。

もっと簡単に認知機能をアセスメントできて、すぐに具体的支援につながるものが教育現場では必要とされているのです。

図4-39「点つなぎ」

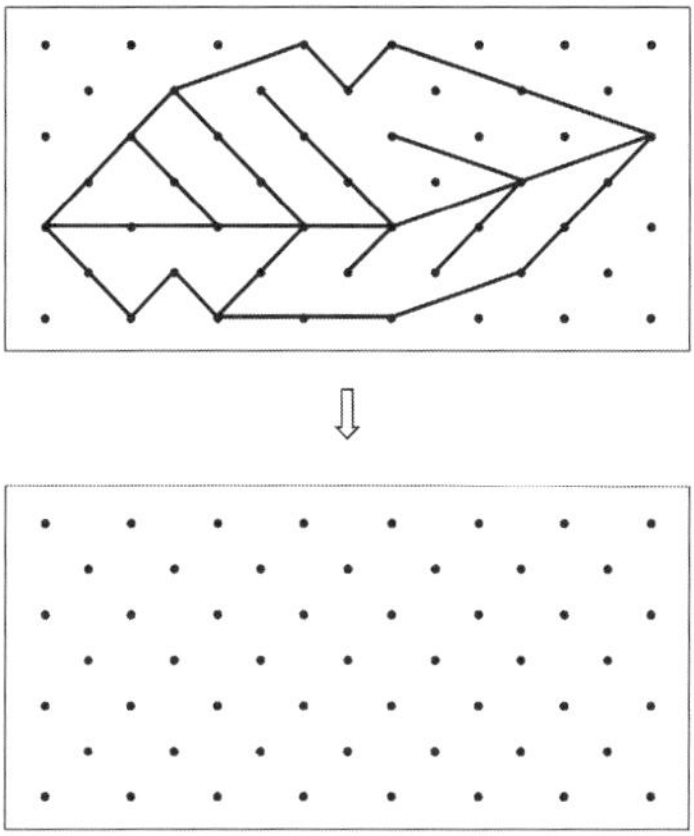

出典:『コグトレ　みる・きく・想像するための認知機能強化トレーニング』(三輪書店)

そこでコグトレシートをアセスメントとして使うのです。例えば、図4－39は「点つなぎ」の課題ですが、斜めの線が

混じっており、この模写ができるか否かである程度の支援の方向性が見えてきます。これが正確に写せないのであれば形をしっかり捉える力が低いということなのです。漢字は点々のガイドもなくもっと難しいと思います。漢字を覚えるのと並行してこういった課題をさせることが大切だとわかります。

また、図4－40のような点々の中から正三角形を見つける課題「形さがし」は、形の恒常性に関するトレーニングですが、これができないと黒板を写すのが難しくなります。

図4－41の「記号さがし」の課題はバナナとリンゴの数を数える課題です。算数が苦手な子の中には、これを正確に数えることができない子もいます。数を正確に数えるというのはやはり基礎の基礎ですので、計算問題の前にこういうところのつまずきがないかも確認できます。

こういったシートを子どもに何枚か試してもらって、何らかの弱さがあると保護者の方にわかってもらえると、たいてい「じゃあ、どうしたらいいんですか?」と聞いてこられま

図４-40 「形さがし」

下《した》の中《なか》に

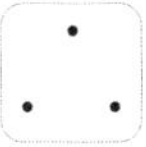

が１０組《くみ》あります。それらを見《み》つけて

のように線《せん》でむすびましょう。

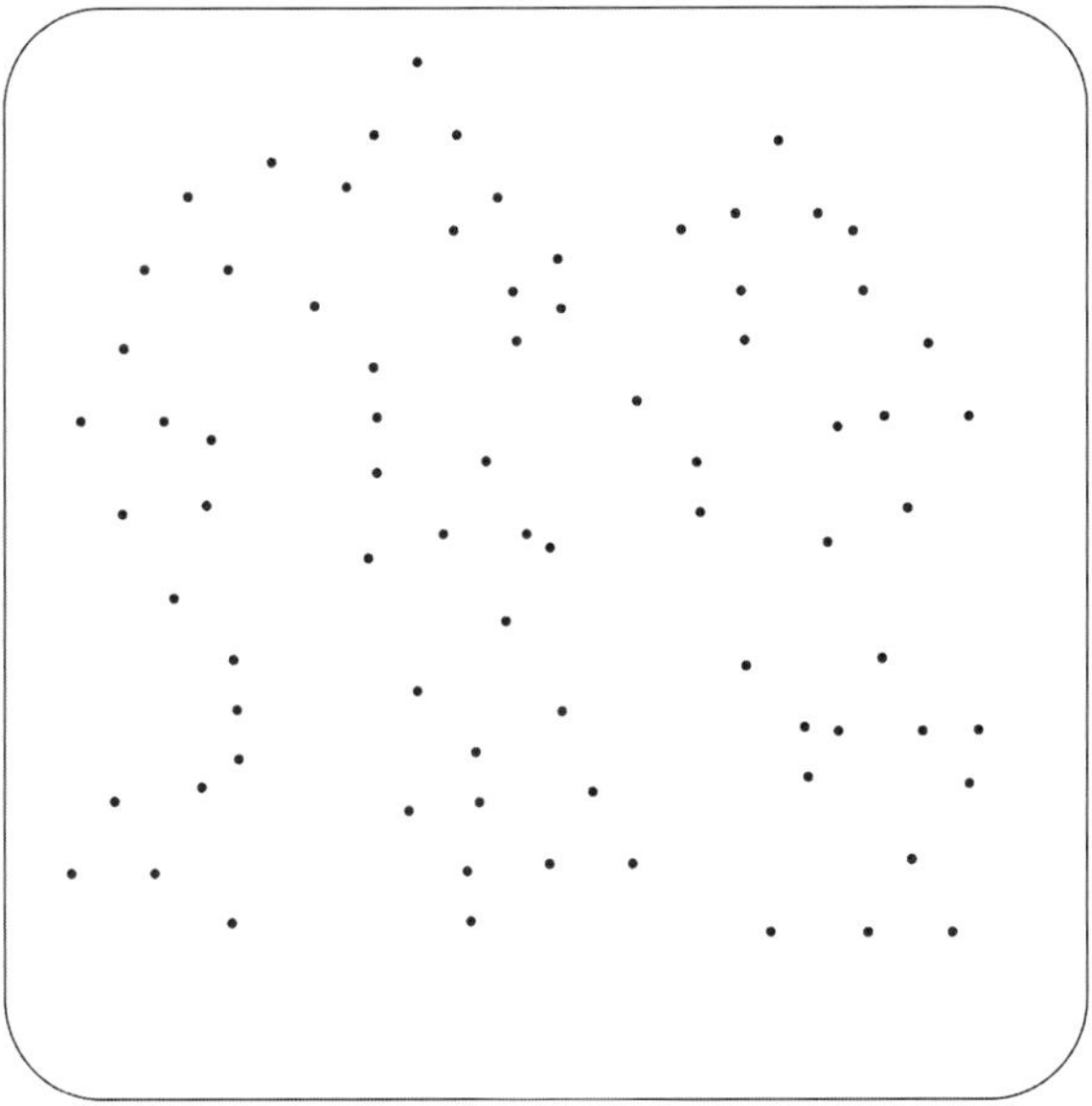

出典:『コグトレ　みる・きく・想像するための認知機能強化トレーニング』（三輪書店）

図4-41「記号さがし」

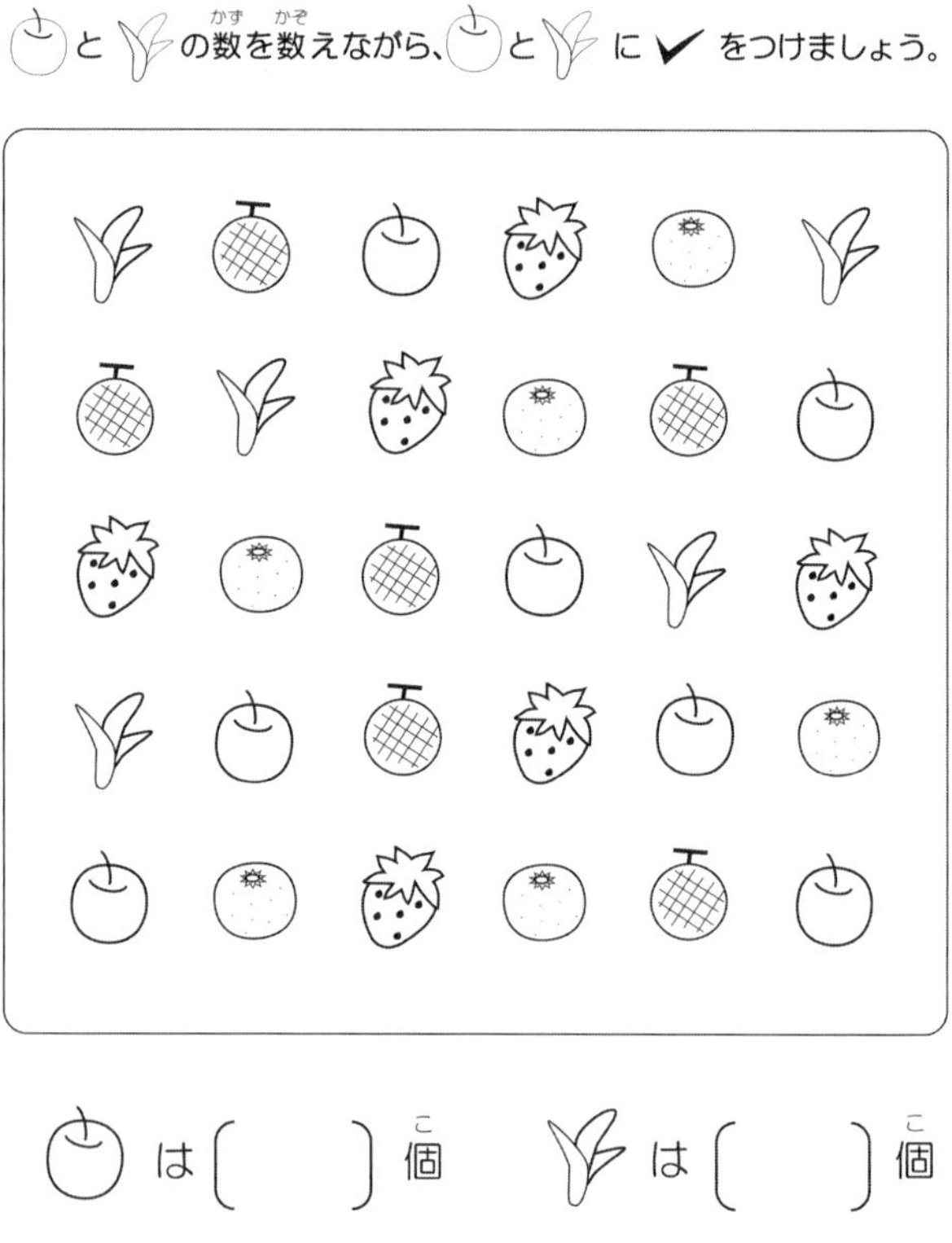

出典:『やさしいコグトレ　認知機能強化トレーニング』（三輪書店）

す。そこで、苦手だったシートと同様の課題に取り組むことをお勧めしています。「点つなぎ」や「記号さがし」が最初はなかなかできなくても、簡単な課題から順にじっくり練習していくと、次第にできるようになります。以前にできなかった簡単な模写や数を数えるという課題が、スムーズにできるようになったということ自体、力がついてきたということに他なりません。

もちろんコグトレシート以外にも評価できるツールはあります。例えば学習指導要領では、立方体の理解は小学４年生の学習の目標となっていますし、立方体の模写は７～９歳の課題といわれていますので、小学４年生以上で立方体が描けないのは、支援すべき一つのサインと考えられます。

また学習面のコグトレにはアセスメント以外の特徴として、次のようなものがあります。

・認知機能のほぼ全ての範囲を網羅している
・学習課題の土台になる認知機能をターゲットとしている
・点つなぎやパズル的課題など、直接的でない方法を使うことで、子どもの心を傷つけないでトレーニングできる
・安価で誰でもどこでも気軽に何度でもできる

特に三つ目は大切な視点です。漢字や計算などのテストを受けて、他の子と比べてできが悪かったらショックを受け傷つくこともあります。しかしコグトレの課題ができなくて傷ついている子はあまり見たことがありません。コグトレはゲーム感覚で行なうことができ、知らず知らずの間に力を付けることができるのです。

日本COG－TR学会の設立

２０２０年４月に、一般社団法人日本ＣＯＧ－ＴＲ学会が発足しました。会員は、学校の先生が半分ぐらいを占め、残りは心理や福祉、医療、司法など、さまざまな分野の方々で構成され、約７５０名（２０２２年７月）の会員が登録されています。毎月のオンライン研修会と年１回の学術集会（各種のコグトレワークショップ）が開催されています。

学会の設立は、講演会をしていたときのワークショップがきっかけになりました。実際にコグトレを体験していただくというワークショップを行なっていましたが、それが好評でしたので２０１５年にコグトレ研究会を立ち上げました。２０１５年11月に大阪で第１回目のワークショップの案内を開始しますと、北は北海道から南は沖縄まで全国から相当な数の参加応募をいただき、すぐに満杯となって、キャンセル待ちの方々で溢れるほどでした。その研修会は、認知機能強化トレーニングの体験と認知作業トレーニングの身体を使ったワークショップを組み合わせた、コグトレが体験できる初級コースでしたが、予想外の好評をいただき、その後も静岡、東京、名古屋、岩手、香川、広島など各地で開催して参りました。

ただ研修会を続ける中で、手弁当で行なっていた事務作業に限界をきたし、学会といった組織として整備する必要があるとメンバーと一緒に考え、一般社団法人化する運びとなったのです。現在、地方のサテライトとなる地方コグトレ研究会が全国に13か所あります（令和4年9月現在）。

気になる子たちが、クラス平均に追いついてくる

全国の学校でコグトレを朝の時間を利用して、一斉にされているところがとても増えてきました。多くの学校のホームページでも紹介していただいています。コグトレを小学校で行なう場合は、「朝の会」の時間のうち5分間ぐらいを使って、集団で行なうと取り組みやすくなると思います。１日5分であれば大きな負担にはならないでしょう。

日本ＣＯＧ－ＴＲ学会の学術集会でも、独自の工夫をされていて「こういう使い方があるんだ」と思える事例が共有できるなど貴重な機会が提供されています。ここで、学術集会で

発表された内容の一部をご紹介します。

第2章「認知機能の弱い子どもたち」でもご紹介した、「記号さがし」という50個程度の三角形の数を数える課題をある小学6年生のクラスで実施しました。グラフ中の下の線がクラス全体の誤答数の平均です。だいたい1個あるかないかくらいです。上の線が担任の先生が選んだ気になる子たち9名の平均で、開始当初でなんと平均7個の見落としがありました（図4-42）。

最初はとても差がありましたが、週1回のトレーニングを重ねていくと、5回目ぐらいから気になる子たちとクラス平均に差がなくなり、クラス平均に追いついてきました。

この学校で小学3年生の子にさせたReyの複雑図形の模写も、9か月かかりましたがここまで向上しています（図4-43）。

次は大阪のある小学校の1年生全体で行なった例です（図4-44）。トレーニング前後で行なった「記号さがし」「形さがし」「順位決定戦」のシートの点数変化の結果です。実線が学年全員の平均で、破線が低得点児童（下位15%ぐらいの子どもたちで、およそ境界知能に該

図4-42　「記号さがし」誤答数の推移

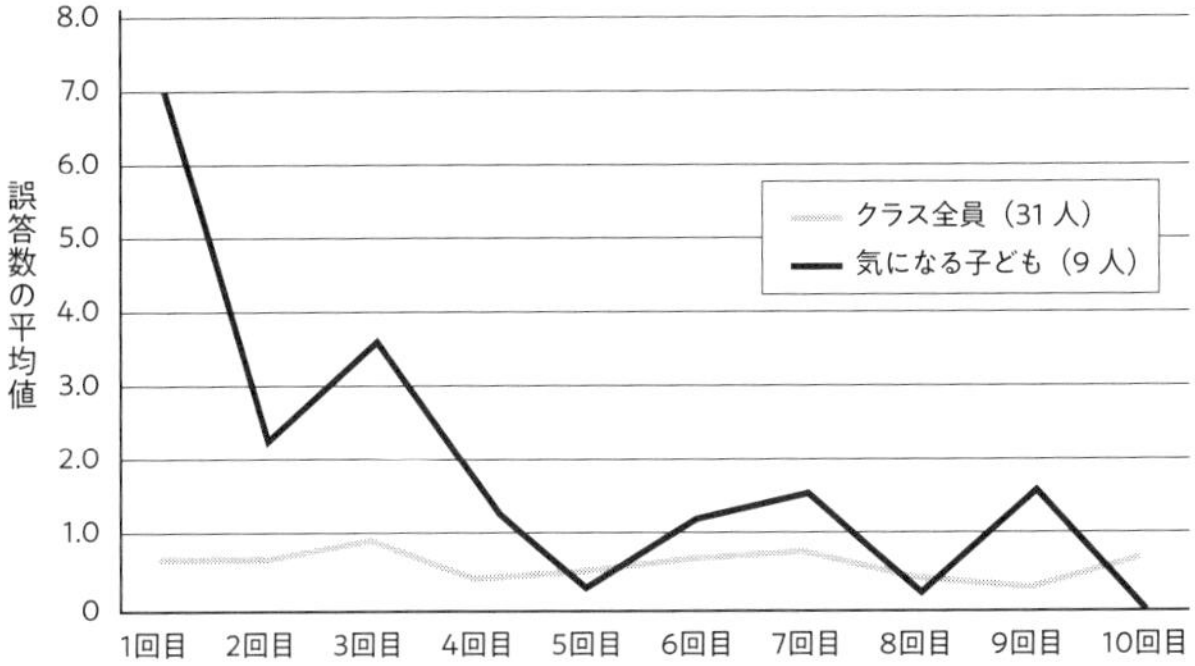

図4-43　複雑図形の模写

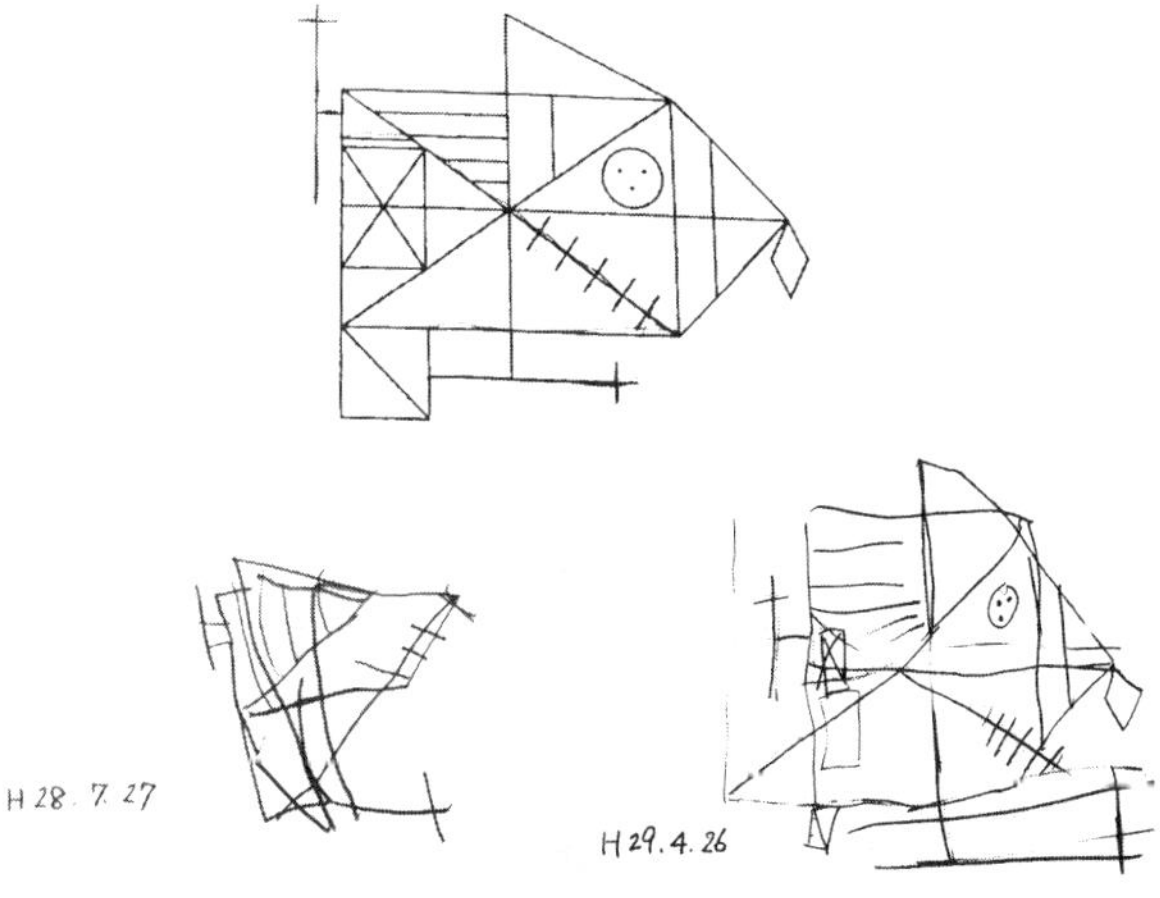

コグトレ開始前　　コグトレ開始9か月後

図4-44　トレーニング前後で行なった「記号さがし」「形さがし」「順位決定戦」のシートの点数変化の結果

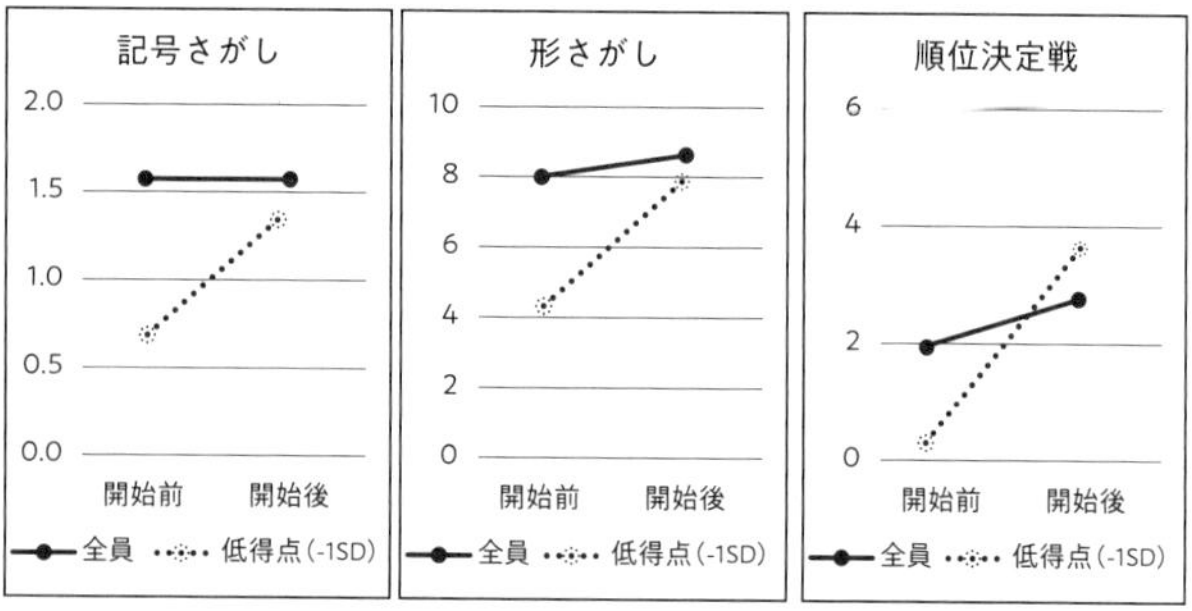

当します）です。トレーニングは数か月余り行なわれました。

天井効果もあり、学年全員のほうはそれほど伸びないのですが、低得点だった児童が、かなりの勢いで伸び、学年全員の平均に追いついています。このように低得点だった子たちが平均に追いつける可能性があるということが、コグトレの特徴の一つだと思います。

またその小学校の通級クラス（通級指導教室。境界線上にある子どもたちが通うクラス）の子どもたちがコグトレを行なうことで、約3割の子たちが通常学級に戻り、そのまま通級クラスに戻ってこなかったと聞きました。通級クラスの子たちを通常学級に戻せる可能性もありそうです。

コグトレをめぐる誤解

一方でコグトレをめぐる誤解も最近増えてきました。

三つほど挙げますと、一つ目は「コグトレは知能指数（ＩＱ）を伸ばすための取り組み」といった誤解です。ＩＱは知能のほんの一部をある知能検査を使って測った値に過ぎません。一方でコグトレが対象としているのは認知機能など、生活する上で欠かせないものです。例えば相手の気持ちを理解する際には、相手の表情を読み取って（視覚認知）、どんな気持ちか想像する（推論）といった認知能力を使っています。これをやったらどうなるかを想像するといった力も然《しか》りです。またコグトレは社会面、学習面、身体面から子どもたちを支援する包括的トレーニングの総称ですので、コグトレは知能指数（ＩＱ）を上げるトレーニングだ、というのは違います。

二つ目は「コグトレをやれば学業成績が上がる」というものです。結果的に成績が上がることもあるかもしれませんが、それ自体が目的ではありません。コグトレは、あくまで学業の土台となる「覚える、数える、写す、見つける、想像する」といった頭の基礎体力の向上を目的としています。学力の土台を強化するのがコグトレの役割で、成績を伸ばすのは学校の先生方にお願いしたいところです。

三つ目に「コグトレはまだエビデンスがない（専門的検査は学校でできない）」といったものですが、例えば次のことを子どもにさせる場合、エビデンスを求めているでしょうか？

「漢字を練習する、九九を覚える、数を数える、計算ドリルをする、棒をキャッチする、相手の気持ちを想像する、適切な挨拶を考える、うまい解決法を考える、危険を予知してみる……」

これらができなければ、できるように練習するだけで、それ自体が目的です。コグトレも同様で、模写したり数を正確に数えたりと、できないことをできるようにしてあげることが目的で、それ以上でもそれ以下でもありません。そもそもエビデンスとは無縁のものと考えています。

ただコグトレをさせる上で懸念事項があるとすれば、本人のペース、能力、意欲などを考慮せずに一方的にやらせることでしょう。しかしそれはコグトレに限ったことではありません。教材にはどんなものがあってもいいはずで、問題なのは使う人間がそれをどのように使うかです。

　またコグトレの個別の内容は、そもそも目新しいものではありません。昔から代々引き継がれ、使われてきたものです。それらを効率的に整理して先生方が使いやすいようにして提供しているものだといえます。コグトレに関する批判は散見されますが、それらはおそらくコグトレを子どもたちに十分に使ったことのない方々の批判のようです。その方々に「では困っている子どもたちに対して何をされているのですか？」とお聞きしたいところです。もし批判だけして何もしていないのであれば、被害者は目の前の困っている子どもたちということにならないでしょうか。

コグトレがうまくいかない場合

　コグトレがうまくいかないという話を聞くことがあります。その原因は集約するとやはり実施方法の問題が大きいようです。

　まず取り組ませる前のアセスメントが不十分というケースです。コグトレはその子に合ったシートをいかに選択するかという点がポイントとなってきます。コグトレの課題が難しすぎても易しすぎてもうまくいかないでしょう。難しすぎる場合は、少しレベルを下げた課題を試したり、ヒントを出したりすることが考えられます。また、そもそもコグトレが必要ないという子もいます。もともと賢くて、すらすらと全部できてしまう子は、あえて取り組む必要はないと思います。コグトレはあくまで、学習の土台を築くためのものです。

動機づけがうまくいっていないケースもあります。例えば、コグトレのことを十分に知らない指導者が「これをやりなさい」と言って頭ごなしに、もしくは機械的にやらせるというのは、どんな子でもうまくいかないと思います。

また実施する頻度が極端に少ないケースもあります。月に2回だけやっているが効果がみられない、といったものです。九九の練習や漢字の練習を月に2回してもほとんど身につかないのと同じで、コグトレも少なくとも週2回程度はしないと効果は得にくいでしょう。

さらに、何をもって効果があるというのか、という点も見過ごせません。基本的にはコグトレにはシート以外の分野の転移効果までは期待されていません。例えば「見つける」課題をすれば、読解力が上がる、ワーキングメモリが向上する、模写の力が上がる、などといった効果までは想定されていないのです。かつて、コグトレとはほとんど関係のない検査を使って効果を判定し、効果がないといっていた施設もありました。

最後に個人差に起因する問題について触れておきます。認知機能に弱さが生じる知的障害には多くの要因がわかっており、大きく生物医学的因子、社会的因子、行動的因子、教育的因子などに分けられています。そのうち、生物医学的因子に当たる染色体異常や遺伝子疾患、代謝異常、脳の発育異常などによる器質的な疾患では、それらが要因となり知的障害が症状の一つとして現れてきます。

染色体異常や遺伝子疾患の治療が難しいのと同じように、それらに合併した知的障害に伴う認知機能の弱さについては、コグトレがうまくいかないことも予想されます。

ただ、やってみないとわからないこともあります。保護者は我が子のことを「少しでも伸ばしてあげたい」と思っているはずです。かつて十分な会話ができない、重度に近い中等度知的障害の少年にコグトレをさせたことがありますが、時間はかかりましたが図形模写の力は確実に向上しました。

「どこまで伸びるかわかりませんが、できないことを少しでもできるようにやってみましょう」

保護者にはそのようにお伝えしています。

新たなコグトレの試み

学習指導要領との対応　コグトレの目的としている学習の土台が、実際の教科学習と具体的にどのようにつながっているのかというところが曖昧《あいまい》になっているのは確かです。国語、算数、理科、社会、英語のどの土台になっているのかという点までは示されていません。そのため現在、土台と教科学習をつなげる作業が行なわれています。

学習指導要領には、何年生にはこのような課題ができるようになるという学習の目標がありますが、各レベルには学習の土台となる項目が羅列されています。例えば小学校1年生算数の学習指導要領（解説）の「数と計算」や「図形」には以下の記載がありますが、傍線部はまさにコグトレのワークシートに含まれるものです。

「数の構成と表し方」
個数を比べること／個数や順番を数えること／数の大小、順序と数直線／2位数の表し方／簡単な場合の3位数の表し方／十を単位とした数の見方／まとめて数えたり等分したりすること

「図形についての理解の基礎」

形とその特徴の捉え方／形の構成と分解／方向やものの位置

こういった項目にコグトレを対応させていく作業を行なっています。そのような関連付けをすることで、児童ごとに不足している学力に対応したトレーニングを提供できることを目指しています。

幼年期用、カードゲーム、オンライン版　一部の幼稚園や保育園でも、コグトレは実践されています。幼児は、遊びを通して学ぶことが一番ですので、あくまでプラスαとしての導入です。当然、無理矢理やらせるのはよくありません。楽しく行ない、学ぶことの楽しさをコグトレで体験してもらえるとよいでしょう。

ただ幼年期のお子さんに「ちょっとこの子は認知機能に問題があるんじゃないかな」と不安になられた保護者には『えほんコグトレ』（東洋館出版社）などの幼児用コグトレを試されるのもいいかもしれません。認知機能を使いながら読む絵本です。

また、コグトレのカードゲームもあります。「ＣＯＧＥＴ（コ・ゲット）」（東洋館出版社）

というもので、三つのトレーニングカードゲームで遊びながら認知機能を鍛える内容になっています。子どもたちの成長に応じた教材を多数用意していますので、成長に合わせて使っていただけるとよいと思います。実際に「ＣＯＧＥＴ」を使用している教室へ行くと、みんなとても楽しそうに遊んでいます。ゲームという特性を生かし、学習が苦手な子どもも抵抗感なく取り組めます。

すでに全小学校でＩＣＴ端末が一人1台導入される時代になりました。そこで「コグトレオンライン」（東京書籍）という教材もあります。これまで、学校の先生が子どもたちにコグトレを実施し結果の評価までしようとすると、シートを印刷して、計画的に取り組ませ、シートを回収して、採点して、結果を管理するという膨大な作業が必要だったのですが、それがパソコンやタブレット上で自動的にできるのです。例えば、「最初とポン」は、アプリが全部読み上げてくれます。問題も自動で用意されます。先生は見守っているだけでよく、子どもが得意なところ、苦手なところ、進捗《しんちょく》率などがわかるようになっています。

大人のためのコグトレ　効果検証はなされていませんが、コグトレは子どもだけではなく、大人になってからも取り組んでもらってよいでしょう。認知症予防のためにすでにさまざまな脳トレ教材があるように、コグトレにも似たような課題がありますので、同じように取り組んでいただけます。

広島大学が刑務所で成人向けにコグトレを行なっているのですが、受刑者たちのつまずき箇所の報告をいただきました。

「段階式問題解決トレーニング」を行なったところ、受刑者たちの考え方は柔軟性に乏しいという傾向が示されたそうです。何か困ったことがあったときにはいろいろな解決案を出し合えばよいのですが、誰か一人が「俺、こうする」と言ったら、「じゃあ俺も」「俺も」「俺も」と言ってみんな相乗りして、自分で考えようとしなかったというのです。社会に出たときに、例えば、誰かが「盗むか」と言ったら、流されて「じゃあ盗む」「盗む」「盗む」と言って、みんな相乗りするというような状況に似ていると思いました。思考の固さは生きにくさの一つの要因になります。逆に「賢さ」の要素の一つに、思考の柔軟さが挙げられるのではないでしょうか。思考が柔軟な人は、何か突発的な問題が起こっても、的確な対応がしやすいのです。

また最近、「展望記憶」という記憶力が注目されています。記憶力の問題というと「今これを覚えてください」と問題を出し、すぐあとで「なんでしたか？」と訊く形式のものがほとんどです。もちろん日常でもそういった記憶も必要ですが、それ以外に大切な記憶力は、これから先の未来に予定されていることについて、「いつ何をするのか」を覚えておくことです。

例えば、「寝る前に薬を飲む」「火曜日にはゴミを出す」「今日の何時から打ち合わせがある」「来週何時から約束がある」といった将来の予定についての記憶です。これらを展望記憶といいます。年齢を重ねると、この展望記憶が低下してきますので、コグトレでこの低下を防ぐトレーニングを行なうこともできます。

具体的には、例えば主人公がパートで働くという設定をします。1日目に同僚の名前を覚えます。そして、4日目は、「この人は何という名前でしたか」という課題で、名前を思い出します。また、ある日は「お客さんはどんなことを言っていたか」ということを覚えておきます。そして、その1週間後にそれを思い出す課題が出るという具合です。ストーリーの中で1~2か月かけながら読んでいき、昔に覚えた事柄を後になって思い出すという漫画形式のものもあります（『医者が考案した記憶力をぐんぐん鍛えるパズル　コグトレ』ＳＢクリエイティブ、『大人の脳強化ドリル』幻冬舎）。

民間の塾での試み　小学校だけではなく、コグトレを指導する民間の塾も広がっています。２０２０年に大阪府吹田市に「コグトレ塾」、２０２１年には横浜に「コグトレ教室」が開設され、前者ではこれまで合計１５０人以上の子どもがコグトレを経験しました。

コグトレ塾に通う子どもの一例です。小学３年生のＳくんは、２年ほど前に行なった検査で、軽度の知的障害とわかりました。そこで、２０１９年９月からコグトレに取り組み始めました。塾ではまず、生育歴の聞き取り、知能検査やアセスメントシートによる評価を行なった後、本人にとって最適なトレーニングプランを作成します。

最初は複雑な図を描き写すことは全くできませんでしたが、８か月ほど経つときちんと描けるようになりました。かなりの成長があったようです。見る力が身について、形を捉えることができるようになったからか、トレーニングを始める前はバランスが悪くいびつだった漢字も、今ではきれいに書けるようになりました。

保護者の方は、テレビ番組の特集でのインタビューで、このように仰っています。

「この子がこうしたことができなかった理由、言ってもわからなかった理由がわかるようになりました。私たち大人の見え方でしか、子どものことをはかれていなかったようです。コグトレの力を借りたら、きっとうちの子もできることが増え、自信がつくのではないかと思います。子どものことを信じることも、できるようになりました」

この塾では、1回60分で全24回で1クールになっていますが、1クールが終わった後もリピート率がとても高く、2クール目、3クール目の子たちもいます。何時間もかけて遠方から保護者と一緒に通っているお子さんもいます。

このような塾や教室の取り組みは、一般の学校ではスケジュール的に大変で同じことはできません。また費用もかかりますので誰もが利用できるものではありません。しかしコグトレの効果を知る上でとても意義があります。つまりこれだけのペースでやっても子どもに変化が見られないものであれば、それより頻度が少ない家庭や学校での取り組みは効果はほとんどないと考えられます。しかしこれだけやればここまで伸びる可能性があるということがわかれば、今後、どの程度取り組ませればいいのかを判断する上で、重要な指標となるのです。

第5章

子どものやる気を引き出すためのヒント

子どもにやる気になってほしい、そう願うのは保護者や先生として当たり前のことと思います。しかし、大人目線で子どもに言うことを聞かせようとしても、なかなかうまくいきません。

ではどうすればいいか。私はこれまで少年院や児童思春期外来などで意欲に乏しい非行少年たちや子どもたちに出会ってきましたが、ある働きかけで意欲が出てきたケースも多々あります。そしてそれらに共通していることもあります。

そこでこの最終章で、子どものやる気を引き出して、少しでも力を伸ばしてあげたいと思っている方々に、何らかのヒントをお伝えできればと思います。

子どもに勉強させたかったら、親が勉強すればいい

いつの世も親は、子どもに対して勉強をする習慣を身につけさせようとします。しかし、私がいつも思うのが、親自身はどうなのか、ということです。

子どもは身近な大人をモデルにしながらいろいろなことを学んでいきます。その一番のモデルは親です。

私の知り合いに、仕事から帰ると必ず寝るまでに本を読むという人がいます。時間はその

日によって変わるのですが、必ず毎日読んでいるというのです。すると、そのお子さんもやはり本を読む習慣がついたそうです。

勉強も同じだと思います。例えば、仕事から帰ってきて、いつも机に向かって何か勉強をしているという親の様子を見ていたら「自分も何かしよう」という気持ちになります。しかし、親が家に帰ってきて、お酒を飲んでテレビを見てゴロゴロしているときに、子どもに「勉強しなさい」と言っても説得力がありません。子どもに勉強をしてほしかったら、親も勉強している姿を見せることが一番かと思います。

もし、子どものスマホを見る時間も減らしたいなら、親もスマホを触らないようにしなければいけません。電車に乗って周りを見ると、ほぼみんなスマホを触っています。それなのに子どもだけに「やめよう」と言うのは、無茶な話です。

学習の集中力を付けるには

子どもに集中力を付けさせたいと思う親も多いでしょう。勉強をし始めて、10分も経たないうちに集中力が途切れるという場合は、例えば、ＡＤＨＤなどの発達障害の可能性もあり、投薬治療という選択肢もあります。しかし、それ以外の多くの子はもっと根本的な原因が考えられるかもしれません。

その一つは勉強が面白くないということです。ゲームなど、興味があることだったら多くの子どもは何時間でもできます。その子が例えば学校の授業を5分、10分ぐらいで集中できなくなるようでしたら、おそらく授業自体が面白くないのです。

私の大学では1コマは90分の授業となっていますが、その時間、一方的な話だけの講義でずっと集中できる学生はほぼ見受けられません。しかし、ピタッと集中するときもあります。どのようなときかというと、普段見たことのないような面白い映像を見せたり、工夫した授業を行なったりしたときです。こういうときは、学生もとても集中して見てくれます。

もし少しでも手を抜いたなら、あっという間にみんながざわざわしてスマホを見始めたり寝たりします。ですから、子どもたちが学校の授業に集中できないのは、教師側の問題も大きいのではないかと、私自身は思っています。

一方、子どものほうに決定的に集中力が足りないのでは、という場合もあります。その場合は、例えば、コグトレの認知機能強化トレーニングに含まれる「記号さがし」などを試してみてもいいかもしれません。「記号さがし」は、1~2分間程度の短時間の注意力、集中力を高めるというところをターゲットにしていて、集中力のアセスメントもできます。もし

2分以内に50個くらいの数を正確に数えることができれば決定的に集中力が足りないということはないと思います。

家庭学習における集中力、姿勢

子どもの集中力を養うためには、まず子どもの特性を観察して、どういうときに集中しやすいか、何分ぐらい経てば集中が途切れるかなど、子どもの特性をしっかり見極めることも大切です。

例えば、10分ぐらいすると集中が途切れる場合は、学習開始から8～9分ぐらい経って、そろそろ集中が途切れるというタイミングで「今日はちゃんと聞いてるね」など、一言声をかけるようにすれば、その子はリセットされて、またそこから10分くらい集中できるのです。

このように子どもの行動を観察して、どうしたらその子が集中を保てるかというデータをたくさん集積するようにします。小学校だったら、先生の目が届きやすい一番前の席にするという手がよく使われていますが、もしかしたら、そうではなく後ろの席のほうが集中するという子もいるでしょう。その子に適した学習環境があるはずです。

イスに座る姿勢が気になるという保護者もいらっしゃるかと思います。でも子どもに「背筋を伸ばしてしっかり姿勢を正しなさい」と言っても、自分の姿勢は、自分では見えないのでどうしたらよいかわかりません。そのような場合は、例えば、背中をきちんと椅子にくっつける、足はこの位置にするなど、具体的に指示すればいいでしょう。

しかし、体幹が弱い子もいるので、姿勢が悪い原因をひとくくりにすることはできません。きちんと座ろうと思っても、体幹が弱く筋緊張が緩すぎて、フニャッとした姿勢になってしまうという子もいます。そのような子どもは、体幹を鍛えるようなトレーニングを試してもいいかもしれません。手軽にできるのは、立ったり座ったりするときに10秒かけながらゆっくり立つ、10秒かけながらゆっくり座るという動きです。実際にこれらの動作をやってみると腹筋や背筋、脚の筋肉をかなり使うことがわかります。そうすることで少しずつ体幹が鍛えられていくのです。

同級生から刺激を受ける

子どもの勉強のモチベーションを保つためにはどのようなアプローチが有効なのでしょうか。

ある子どもの話です。小学5年生ぐらいのときまでほとんど勉強しなくて、成績も真ん中ぐらいでした。しかし、小学5年生の終わりぐらいからものすごく勉強するようになり、それから成績がグーッと伸びていきました。何でも、仲のよかった友だちが有名私立中学を受験すると言い出したのがきっかけになったそうです。「中学受験って何？」と思っていたら、その友だちは一緒に遊ぶのを止め、急に塾に行き出して、長時間の勉強をし始めました。それでその子もスイッチが入ったそうです。

子どもにとっては、親よりも友だちのほうが、影響力が大きいことがあります。周りにそのような刺激になる子がいたら、大きなモチベーションにつながることもあるのです。そうした場合、親としては、コツコツ勉強している子や頑張っている子と付き合ってほしいと思うかもしれません。しかし「あの子と仲よくなりなさい」と親が言ってもそうはいきません。

ちょっと戦略的になるかもしれませんが、保護者同士が仲よくする方法もあります。頑張っているお子さんの保護者もきっと頑張っていらっしゃると思います。積極的に声をかけて仲よくなる、家族づき合いをする、そういうことがあってもよいかもしれません。

「勉強しなさい」が駄目なわけ

片付けや整理整頓が苦手な子どもたちがいます。それにはいろいろな要因がありますが、例えば子どもが自分で片付けようとしているときに「片付けなさい」と大人が余計なことを言って、しなくなる場合もあります。その言葉に従ったら、大人の言うことを聞くことになってしまうからです。

これは「勉強しなさい」と言うことにも共通しています。「勉強しなさい」と言ったときに、もしそれで勉強をしてしまったら、親が言ったからやったということになってしまいます。そして親のほうは、「勉強しなさい」と言って子どもが勉強したら、「やっぱり言わなきゃダメなんだ」と思ってしまいます。そのため、子どもが勉強していなかったり、片付けしていなかったりしたら、ますます「何々しなさい」と言うことになるのです。

自分がやろうと思っていたのに、親に「やりなさい」を連発されるとやる気がそがれ、逆にやらないと意地を張ることもあります。これでは、逆効果です。大人が子どもにとってNGなことをして、子どもがやる気をなくしていることがいっぱいあると思います。まずは何も言わず大人が手本を見せ、子どもにいつか気づいてもらう。それしかないように思います。

本嫌いの子を変えるには

本を読むのが嫌いという子がいます。これは多くの場合、大人が本を読ませようとするから、嫌いになってしまうのだと思います。

私も子どものころに言われたのが、「この本を読んで、隣の子は泣いたんだって。だから読みなさい」という言いつけの言葉。でもその本を読んでみても、泣けないのです。全く面白くありませんでした。それなのに親は、「どうだった？」と感想を聞いてきます。それで「可哀想だった」と答えると「たったそれだけか？」と叱られ、隣の子は天使で自分はおかしいのだと感じました。

夏休みに本を読んで読書感想文を書くという宿題が出ます。それも本嫌いにさせる大きな原因の一つだと考えます。読むのと書くのとは大違いです。書くのが苦手な子どもにとっては苦痛です。でも大人は、本を読んだら感想を言わせたり、書かせたりしたいのです。私は、本を読んでも大人は「何も言わない。何も感想を聞かない。何も書かせない」と徹したらよいと思います。そうすれば、本嫌いな子でも夏休みの宿題として安心して本を読めるのではないでしょうか。

子どもを本好きにさせるには、やはり自然に本に親しむところから始めるのがいいでしょう。例えば、一緒に書店へ行って、大人自身が好きな本を探している間に子どもの好きなところに行かせるだけでいいと思います。「本屋にはいろんな本があるな！」という印象を子どもが持てるだけでいいのです。だから何でもよいのです。それはマンガかもしれませんが、そこからでよいのではないでしょうか。今のマンガは昔に比べて恐ろしいほど充実していて、マンガから学ぶことがいっぱいありますし、我々もそうでしょう。そこから、「本も読んでみよう」とつながっていきます。とにかく本自体に親しみをもってもらうことが第一歩です。

理科、社会の勉強の前に

昆虫の観察、雲の動き、電気の実験……。理科の学習は子どもたちには面白いはずなのです。そもそも面白いのに、なぜ嫌いになる子がいるのかというと、これも読書感想文と同じで、例えば実験をさせても、実験結果をノートに書かせることが一つの原因だと思います。

特に書くのが苦手な子にとっては、実験自体は楽しくても、実験の結果をノートにまとめて書かせることで、理科が苦痛になっている可能性があります。そうした「苦痛なこと」を切り離して、まず観察や実験を楽しむという姿勢が大切なのではと考えます。

また小学校の理科は、物理、化学、生物、地学などの全ての内容が入っています。電池やモーターだけでなく化学の実験、植物、天体もある。電気はよくできるけど植物はできないという子もいます。直列つなぎや並列つなぎの図が出されて電気はどう流れるか、ということを考えるのは嬉々として取り組む一方、「種」「根っこ」と聞いたらうんざりする子どももいるわけです。まんべんなく勉強させようとするから、嫌いになってしまうのでしょう。まずは好きなところだけでもいいと思います。

社会も同様です。歴史は大人からすると面白い分野でしょう。しかし、嫌いな子は嫌いです。また社会は記憶だとよく言われます。「これ、覚えたらいいんだよ」と大人は言ってしまいます。しかし、子どもは「覚える」と聞いた時点で歴史が嫌になるのです。

私は小学生のころに、「大河ドラマを見なさい」とよく言われました。仕方がないから見るのですが、小学生にはその面白さがなかなかわかりません。親が面白がっていても、まだ歴史の基本的な知識が備わっていない子どもにはわけがわからず、ただただ苦痛でした。それに、大河ドラマは毎回毎回面白いわけではありません。ドラマの構成上、どうしても盛り上がりに乏しい、面白くない回もあるでしょう。そのような回にぶつかってしまったら、大河ドラマが嫌いになるだけでなく歴史嫌いになってしまうこともあり得ます。

また社会という教科は、記憶力もさることながら国語力も必要になります。社会の教科書をしっかり読んで理解する必要があるので、実は読む力のところでつまずいている子が、社会が嫌いになるというケースもあります。そのため、社会の勉強以前に、まず文章を読む力などをつけていくことが必要なのです。さらに地理なら、図形や地図の数字を読み取るといった算数の力も必要になります。

ですので小学1、2年生の国語、算数の力が弱い子は、小学3年生から始まる理科、社会が難しく感じることでしょう。そのときは、読む力や図を読み取る力などがどうなのかをみてあげたほうがいいでしょう。

「なぜ、勉強するの？」と聞かれたら

子どもに「勉強をしなさい」と言っていたら、逆に子どもから「なぜ勉強しなければならないの？」と聞かれたことが皆さんにも一度はあるかもしれません。それに対してはどう答

えるのがいいのでしょうか。

大人自身が振り返って自分の体験を語るのは大きく的は外れないと思います。今になって、「もっと勉強しておけばよかった」「もっとコツコツやっていればよかった」と後悔されている大人は多いと思います。それが本音です。なぜ「もっと勉強しておけばよかった」と後悔しているのか。それを具体的に正直に話してもいいでしょう。

「もう少し頑張っていたら、志望校に合格していたかもしれない」「英語ができず、いつも他人任せで恥ずかしい思いをしている」「数学は、論理的に考える訓練だったと思う。その訓練をもっとやっていれば、仕事で判断を間違えることもなかったかもしれない」「歴史を知らないことで、友人の会話についていけないことが結構ある」などです。

「自分の可能性を広げる」といったよくある一般的な答えは必要ないでしょう。そう言われても子どもはよくわからず、ピンときません。もっと具体的に、本音を語らないと子どもの心には響きません。

私が少年院の少年たちに伝えていたのは、もっと現実的な部分です。少年院の少年たちはほとんどが中卒です。彼らに向かって、「高校は出ておいたほうがいい」ということを伝えるために、中卒と高卒の給料の差に言及しました。

「中卒でいい。建設現場で肉体労働をする」と言う少年に対し、「若いときはまだ給料の差もあまりないかもしれないが、肉体労働は40歳、50歳になっても給料はそんなに上がらず、他の仕事とかなり差が開いてくる」とグラフを用いて示すと、少年たちの目の色が変わってきます。すると「僕は中卒のままでいい」と言う子はあまりいなくなります。

勉強が苦手であることは変わらないので、そのときは葛藤を抱えてしまうのですが、やがて「やはり高校に行きます」と勉強へのモチベーションに変わることもありました。

褒めて伸ばすコツ

褒めること自体はとてもよいことだと思います。しかし、どうでもいいようなことを、いつでも何度でも褒められても全く心には響かないでしょう。やはり、褒めるタイミングや回数、褒める内容を考慮せねばなりません。

PHP新書『子どもが心配』に収められた、養老孟司《ようろうたけし》さんとの対談でも述べたことですが、例えば勉強ができなくて困っている子に、「気持ちがやさしいね」とか「走るのが速いね」など、全く違うことで褒めても、問題解決にはつながりません。また、一部の大人がしてしまいがちなことですが、何でもかんでも「すごいね」「上手だね」と褒めても、当然ながら子どもの心には響かないでしょう。

褒めるときには、子どもが自分でも頑張ったと思っていることを褒めることが一つのポイントです。子どもは、褒められたこと自体はもちろん、自分の頑張りをきちんと見てくれていることに嬉しさを感じるはずです。

ところで、叱って伸ばすというのはどうでしょうか。私自身は、子どもを叱らないで、考えさせるようにしています。「こんなことしてどう思う？」と子どもに訊ねるのです。何か叱られるようなことをした場合、子ども自身も「悪いことをしてしまった」と自覚していることも多いといえます。子ども自身が大変つらい思いになっているときに、さらに大人から叱られると、失敗した後のダメ出しとなり、もっとつらくなってしまいます。

例えば、子どもが危ないことをしてケガをしてしまったとき、最もつらいのは本人です。本人がつらいところに、そこでさらに叱って追い打ちをかけると、もっと惨めな気持ちになってしまう。そこで子どもが心を閉ざしてしまう可能性もあります。

他の子どもが同じように失敗したケースについて考えさせるのもいいでしょう。例えば、ずっと遅刻を繰り返している子どもには、後日、別の子が遅刻したタイミングなどで「こんなふうに遅刻してしまうこと、どう思う？」といった具合に、考えさせるのです。恥をかかせないように本人を立てて、その子に、遅刻する子がいたらみんなが迷惑するということを、気づかせるような方法です。

自分のミスを直視させたら、恥ずかしくてつらいものです。ですので、本人が遅刻していない、落ちついているときに聞くようにすると「あ、これ自分のことだ」と素直に気づくことができます。「これから気をつけよう」と思うようになるのではないでしょうか。

考えることが苦手な子には

考えることが苦手な子というのは、裏を返せば、何も考えずにパッと思いつきで飛びついてしまうということでしょう。そうならないためには、「これをしたらこうなるから、だから、こうしなければならない」という行動の順序立てを行ない、一歩先、二歩先を読む練習をするということが効果的です。例えば、以下のような課題があります。

「Aさんは学校で、あるグループに入れてほしいと思いました。しかしリーダーのBさんは、グループに入りたければ、店でブレスレットを盗んでこい、と言いました。Aさんは友だちがいなくて、いつも一人ぼっちだったので、どうしてもグループに入りたいと思いました」

これはブレスレットを盗んでも、盗まなくても、メリットとデメリットがあります。とても悩む問題だと思います。机の上でこのような課題に取り組んでもいいですし、日常生活の中でも「もし、これを選んだら、先々どうなるか」ということを考える場を提示してあげてもいいでしょう。

考える材料は、日々の生活の中にたくさんあります。「ある目的地まで急いで行かないといけないときに電車が止まった。どうすればいいか」、「親友とけんかした。どうやって仲直りすればいいか」などなど。そのとき、親が先に答えの案を出してしまって、子どもに従わせるというやり方は、とりあえずは親も子どもも安心はできますが、一方で子どもの考える力を奪ってしまう可能性もありますので要注意です。

ゲームやSNSが救いになる子どももいる

ゲームやYouTubeを楽しむ時間が毎日2時間以上にのぼるという習慣がついてしまっている子どもも少なくありません。そんな子どもの保護者から、「止めさせるには、どうすればいいですか？」という相談を受けることもあります。しかし、私は、単に止めさせるだけでいいのかと疑問に思うことがあります。

我々の子どものときには「マンガばっかり読んで！」と言われていましたが、多くの場合、マンガを取り上げても、別のものに移行するだけです。

賛否両論があるかもしれませんが、私自身は、そもそもスマホやゲームが悪いものだとは思っていません。依存しない子は、そもそも自己管理がしっかりできているのです。だから、いくらゲームがあっても依存しません。スマホやゲームをしていても自己管理ができる子は学力が高いという報告もあるくらいです。

一方、ゲームばかりに依存している子は、ゲームを取り上げても別のものに依存する傾向があります。つまり、そもそも自己管理ができるか、できないかで二分化されているのです。一概には言えないのですが、境界知能やそれ以下の子どもたちは、自分の行動に対する自己コントロールが難しいのでゲームなどに依存する傾向が強く表れるかもしれません。

ところで、依存しやすい子は、ゲームが原因で依存しているように誤解されがちですが、もともとメンタルに何らかの課題を抱いている子どもが救いとして求めたのが、ゲームやSNSだった、ということもあります。

すなわちそれらはむしろ、子どものメンタルを保つ一つのツールだったりするのです。例えば、引きこもって誰とも接触がないという子が、スマホなどでいろいろな人たちと交流するようになることもあります。傍《はた》から見るとスマホに没頭してしまい、それで引きこもりになったように見えますが、実は逆なこともあるのです。

メンタルの課題が生じた理由については、それぞれのお子さんやご家庭の事情も関係しますので、なかなか明らかにはできませんが、一つだけいえることは、そういう子どもからスマホやゲームをとりあげても、問題は全く解決されないということです。

自制心を調べるマシュマロ・テスト

「マシュマロ・テスト」をご存じでしょうか。アメリカで長期間に亘って行なわれた、子どもの自制心について調査した研究で、教育心理学の世界ではかなり著名なものです。アメリカの心理学者、ウォルター・ミシェル氏が１９７２年に実施した、子どもたちの「満足を先延ばしできる能力」（ディレイド・グラティフィケーション／Delayed Gratification）を調べる実験です。

平均４歳半の子どもたちが対象で、目の前にあるマシュマロを食べることを15分間我慢すると、より多くのマシュマロがもらえる、というものです。食べてしまったらそれで終了。マシュマロはもらえなくなります。

結果としては、３分の１の子どもたちは我慢でき、３分の２の子どもたちは目の前のマシュマロを食べてしまいました。

その16年後の１９８８年、実験に参加した子どもたちについて、親の評価を調査すると、我慢できた子どもたちの能力は我慢できない子どもたちより高いという結果になりました。さらに１９９０年に再調査が行なわれました。アメリカで行なわれている大学入試の際に必要な学力一般テスト、ＳＡＴの点数を比べたところ、我慢できた子どもたちのＳＡＴの点数は、我慢できなかった子どもたちより高かったという結果が残っています。

さらに21年後の２０１１年、実験に参加した子どもたちが中年になった時点で、脳機能の検査がなされました。我慢できた子どもたちの脳は、計画、社会行動の調節に関係する前頭前皮質が、我慢できなかった子どもたちより活発に働き、反対に我慢できなかった子どもたちは、快感や満足度などに関係する部位である腹側線条体《ふくそくせんじょうたい》の活動が、我慢できた子どもたちより活発なことがわかりました。

この調査結果から、研究者の世界では、我慢できた子のほうが成績もよくて、よい仕事に就いており、収入も高いと考えられていました。4歳ぐらいまでにしっかり我慢できる力があるかどうかで、人生が変わってくるとまでいわれていたのです。

しかし、最近、否定的な意見も出てきています。親や大人を信頼していない子どもたちは、目の前のマシュマロを食べてしまうのではないか、という指摘です。親や大人に何度も嘘をつかれた子どもは、「15分間待ったらもっと多くのマシュマロがもらえるなんて、どうせ嘘だ。早いうちに食べてしまったほうがいい」と思い、騙されないうちに食べようとするのです。

近年、子どもが親を信頼しているかどうかで、子どもの行動が大きく変わってくると言われています。この調査の今のところの結論としては、両方の折衷案《せっちゅうあん》で、教育環境の影響も能力の影響も、両方考えられる、ということになっています。

このテストから学ぶべきことは、子どもに信頼される親になることがいかに重要かということです。それには子どもが小さなときからの積み重ねが必要です。子どもとの約束は、しっかり守らなければなりません。

極端な例かもしれませんが、大人が怒って子どもの目の前で1回でも包丁を取り出したら、その後にいくら「あれは嘘だった。冗談だった」と言っても、信頼関係を回復するのは至難の業（わざ）です。そう簡単に親を信じられるようにはならないでしょう。子どもの心には「あのとき自分を殺そうとしていた」という思いが、深い傷になってずっと残ってしまいます。

親の気持ちは、自分が親にならないとたぶんわからないでしょう。でも本当は、親になってもなかなかわからないのですが……。

友だちとのコミュニケーションがうまくいかないときは

毎日、「おはよう」と言ってくれたら、相手も、「毎日挨拶してくれている。自分に興味をもってくれているのかな。ちょっと話をしてみようかな」という気になります。挨拶一つで人間関係はずいぶんと変わると思います。

集団登校している子どもたちを見ていると、見守りの保護者が立っていても挨拶しない子も多いようです。昔だったら、大人が立っていたら子どものほうから「おはようございます」と声をかけたものですが、今はそうではないようです。でも、大人のほうから声をかけないと挨拶しないのかと思っていたら、もっと酷い状況でした。大人から挨拶をしても、子どもは挨拶を返さないのです。これは我々の子どものころには考えられなかったことです。

ただ、挨拶しない子が増えている背景には、都会では大人同士があまり挨拶をしなくなったという時代背景もあるでしょう。人が多すぎて、しかもマスクもしています。すれ違っても、誰かわかりにくく、結果的に見て見ぬふりをするような雰囲気にもつながってしまいます。挨拶が難しくなっているのに、大人世界において子どもに「挨拶しなさい」と言っても無理があります。

ただ挨拶は「自分はあなたに興味がないわけではない」と示す、最も自然なシチュエーションなのですから、やはり我々大人も含め、挨拶は欠かさないようにしたいものです。

友だちとのコミュニケーションがうまくできない、友だちができないというのは、子どもたちの大きな悩みの一つになっています。でも挨拶やお礼を言うだけでも、その子に対する印象が全く異なってきます。そこを練習して身につけるだけでも、友だちができるようになるのではないでしょうか。友だちをつくるには、まず挨拶からです。

きょうだいが優秀で劣等感を感じるときは

きょうだいが優秀で劣等感を感じる、きょうだいがえこひいきをされているということでコンプレックスをもっている子どももいます。例えば、双子のケースで、一方がとびきり優秀で、もう一人の子どもは大きなコンプレックスを抱えてしまっている場合、その子どもはかなり苦しい思いをしていることでしょう。

難しい問題ですが、ここでやってはいけないことは、例えば、「あなたは、勉強はできなくても性格が優しいから」といった類《たぐい》の慰めの言葉をかけることだと思います。これでは、余計にコンプレックスをもちかねません。また、親自身も「この子は、勉強はできないけど優しい」と自己本位に解釈してしまうことがありますが、あくまで親の尺度であり、子どももその言葉でよい気持ちになるのは難しいと感じます。

勉強が苦手な場合は、やはりそれを少しでもできるようにしてあげることが大切でしょう。声かけや接し方では、根本的には解決しないのです（ただし、生まれつき障害があってできないときはまた別の問題です）。

しかし劣等感は考え方によってはよい体験になることもあります。社会に出ると、自分より優秀な人はいくらでもいます。優秀なほうのきょうだいも、社会に出たら必ず一度は劣等感を味わうはずです。

かつて高校で成績が1番だった優秀な同級生がいたのですが、彼は東京大学に現役で入って、そこで生まれて初めて劣等感を感じたと言っていました。それを聞いて「それまで、劣等感を感じたことがなかったのか」と興味深く感じ入ったのを覚えています。そのことが彼の人生にどんな影響を及ぼしたのかはわかりませんが、どんな人間でも遅かれ早かれ劣等感を味わうのです。それなら安心・安全が確保された親のもとで、早めに劣等感を味わうことは悪いことではないでしょう。子どもながらに劣等感の受け止め方などを学べるかもしれません。

ただし、「安心・安全」であることが大前提です。「勉強できないからご飯抜き」などといった罰を与えるのはＮＧです。それでは虐待になってしまいます。

「自分はこの世に不必要な存在かも」と思ってしまう子には

最近は若い人の自殺が増えているという報告があります。「自殺したい」と言う子に関連して、夜回り先生こと教育者の水谷修先生の講演会で、とても心に残った話があります。

それは、戦争時の沖縄でのこと。アメリカ軍に占領され、攻撃されて、防空壕にいる住民たちは次々に殺されていきます。そのとき、大人は子どもを守るために自分が盾になって最初に死んでいきました。大人が倒れたら、子どもたちは、自分より小さな子どもたちを守るために盾になったそうです。その子たちも倒れたら、今度は赤ちゃんを守るために幼児自身が盾になった。命とは、そのようにして誰かが犠牲になって引き継いでこられたものだ。だから生きなければならないのだ、というお話が非常に心に残りました。自殺を考える子にその話をしたらすごく響くということも、仰っていました。

理屈抜きに、不必要な存在という人はいないでしょう。我々は皆、誰かの命のバトンを受け継いでいるのです。「自分はこの世に不必要な存在かも」と思ってしまっている子どもがいたとしたら、このようなエピソードを話すとよいかもしれません。

自分から助けてとは言わない

第2章で述べた困っている子どもの特徴「5点セット+1」をもっている子どもたちは、頑張ろうとしても頑張れない子どもたちです。彼らが「助けてほしい」と言葉で伝えてくれたら、支援者としてそれを受け止めることができますが、頑張れない子どもは、自分からそんなわかりやすいサインを出すことはほとんどしません。

それどころか、支援者に対し敵意を見せたり、「放っておいて」という感じで無愛想に接してきたりするなど、逆のサインを出してくることが多いのです。このような子たちの「逆のサイン」に惑わされずに、彼らの苦境に気づくことはなかなか困難です。

また、こちらが支援しているつもりになっていても、子ども側からすると支援になっていないこともあります。

支援が必要な子どもを電気自動車、親や支援者を充電器に例えてみます。電気自動車（子ども）は電気がなくなると充電をしに、支援者の元に来るわけです。そのときにしっかりと充電をさせてあげればよいのですが、時と場合によっては、充電をさせてあげない（罰を与える）、毎回充電する場所が変わる（認めてくれるポイントが変わる）、違った電圧で充電されてしまう（支援を無理強いする）など、適切な充電がなされないケースがあります。支援者が適切な充電器になっているつもりでも、子どもの側からすればそうはなっていないこともあるのです。

親に対して暴言を吐く子どもとの接し方

子どもに暴言を吐かれて平気でいられる親はあまりいません。怒りにまかせ怒鳴り返す、無視する、言いなりになってしまう、など親にもいくつかの反応があると思います。でも暴言を止めさせたいと思ってもなかなかうまくいかないのも事実です。これだという正解があれば、このようないつの時代にもあるだろう悩みは生じないでしょう。ここでは好ましい接し方といったものではなく、子どもの暴言をどう理解するかについて考えてみます。

暴言を吐く原因は以下の三つに分類されそうです。

・暴言を吐くことを学んだ……例えば親が暴言を吐くことを真似ている
・暴言を吐くことでいいことがある……親が言うことを聞いてくれる
・学校や家などでストレスに感じることがある……暴言でストレスを吐き出している

ところで、みなさんも一度くらいは親に暴言を吐いたことがあるのではないでしょうか。そのときの気持ちを思い出してみると、右のうちのどれに当てはまるでしょうか。おそらく一番最後の学校や家でのストレスが原因というのが最も多いと感じます。私も記憶に残っているところでは、父から「勉強しろ」と言われ続けたときに一度だけ反射的に「うるさいな！」と怒鳴ったことがありました。でもその後、一度も暴言を吐かなかったのは、父がそのときに何も言わず、悲しそうにしていたからだったと思います。暴言を吐いている子どもきっと後になって後ろめたい気持ちになっているはずです。そして大人になってはじめてそのときの親の気持ちがわかるものだと思います。

焦って無理にやめさせるというより、子どもの成長の一過程だと考えるのもいいかもしれません。

子どもが変わると支援者も変わる

非行ばかりやってきた子どもたちに対して、親はさまざまな手を尽くしてもう疲れ果てています。そのうえ、最終的に子どもが少年院に入ってしまったことで、たいていの親は絶望してしまいます。自分との信頼関係は完全に失われてしまった、少年院に面会に行っても、「なんで来やがったんや！」と言って罵倒されるのだろう……。自分にできることはもう何もないと、無力感に苛《さいな》まれるのです。

でも、いざ少年院に面会に行くと、親は驚きます。子どもが「今日は面会に来ていただいてありがとうございます」と丁寧に挨拶するからです。なぜ、子どもは変わったのでしょうか。それは、彼らが少年院で、挨拶や対人マナーなどを徹底的に教育されたからです。

がらりと変わった我が子の姿を見て、親は「まだ自分にもできることが残されているんだ」と希望を取り戻します。もう1回、頑張ろうという気持ちになるのです。

少年院で、「子どもが変わることで親が変わる」という場面を、何回も目《ま》の当たりにしました。まだ自分にやれる役割があるのだと思い直し、絶望の淵から救われるのです。

ただしこれは、かなり追い詰められた親のケースになります。余裕のある親に関しては、そこまで変わるかどうかはわかりませんが、子どもに可能性を感じるようになったり、自分の役割がわかったりしたときには、親も支援者も変われる可能性があるのです。まさに子どもが変われば親も変わる、と思います。

今さらながら教育のあり方とは――持続可能な教育

本章の最後に、私なりの教育のあり方とは何かというところを述べさせていただいて締めくくりたいと思います。

アジアの途上国での医療を25年以上、無償で続けているジャパンハートという団体の小児外科医、吉岡秀人医師が出演されていたＮＨＫの「最後の講義」という番組を見たときに、その考え方にハッとしました。

番組の中で、吉岡医師が、途上国の医療設備が乏しい病院で朝から深夜まで患者に向き合ってきたという話を聞いて、会場にいた若者が〝こんな大変なことを続けるコツを教えてほしい〟といった旨の質問をしました。すると吉岡医師は、「自分は好きだからやっているだけだ、だから続いている」と答えておられました。

それを聞いて思いました。教育も同じだと。

〝子どもに教えるのが好きだ〟

教師を含めた支援者も、教育のあり方としてはそれでいいのではないかと思います。かのイチローもこう言っています。

「努力を努力だと思ってる時点で、好きでやってるやつには勝てない」

次元がかなり違って恐縮ですが、「先生は、認知機能を上げる取り組みで、社会に貢献されています。献身的な活動に頭が下がります」などと言って下さる方もいます。しかしいつもとんでもないことだと思ってしまいます。私は自分を犠牲にして取り組んでいるのではありません。むしろ逆で、私自身が好きだから、ワクワクするから行なっているのです。

子どもたちが「できるようになった」といって喜ぶ姿を見ると、とても嬉しいですし、私自身が幸せをもらっていると感じます。みなさんも「社会のため」という建前はあるかもしれませんが、本音は楽しいから今の取り組みなどをされているのではないでしょうか。やはり、自分の幸せのためにご自身の活動に取り組まれているはずなのです。それが結果的に誰かの役に立って、誰かが喜んでくれる。それが一番の幸せだと感じます。

さらに、吉岡医師が続けて話しておられましたが、海外のＮＧＯ団体からＳＤＧｓの観点から一人でやっているより後継者につながる活動に参加したほうがいいと言われ続けていたそうです。しかし吉岡医師はそれを断り、そのＮＧＯには参加せずそのままご自身の活動を続けていたようですが、結果的にはいろんな人たちが手伝ってくれるようになり、活動が続いているそうです。

最も印象的だったのは治療を受けた子どもたちが大人になって、今度は自分たちが活動を続けたいと名乗りをあげているというお話でした。これこそが真の意味でのＳＤＧｓだと思いました。

例えば今コグトレを受けている子どもたちが大人になったとき「コグトレは自分の成長にこんなに役に立った、次は自分たちも困っている子どもたちを助けたい」と思ってもらえたら、そのような取り組みこそが本当の持続可能な教育のあり方なのだと考えます。

本章で述べてきたように、コグトレは徐々に教育界に浸透していますが、将来的にコグトレの指導をできる人材を育成しなければいけないと思い、学会活動の中などで、研修会を開催して参りました。

しかし吉岡医師の話を機に少し考えを改めました。指導者の育成はもちろん大切です。でも、まず目の前の子どもたちのトレーニングに全力を尽くすべきではないだろうか。そうすると10年後、あるいは20年後、コグトレに取り組んだ子どもたちが大人になって教える側に回って、自分が行なったことを自然に次の世代の子どもたちに伝えてくれるのではないだろうかと。

コグトレを受けた子自身でないとわからないこともあります。彼らが自身の経験も生かしてコグトレをさらに次の世代に伝えてくれたら、それに越したことはないでしょう。そう思うと、コグトレに関わる支援者のみなさんは、もっと気楽に楽しく子どもたちと向き合えばいいのではと考えるようになりました。

これはコグトレに限りません。先生方が信念をもってやっておられることを、それに感銘を受けた子どもたちが大人になって引き継いで、次の世代のために行なう。それが教育のあり方だと思うのです。

コグトレテキスト一覧

現在、コグトレ関連のテキストは40冊以上刊行されています。一方でコグトレを始めたいがどれから手を付けていいかわからない、目の前の子にどれを選んだらいいかわからない、といった声もよくお聞きします。そこで目的別にテキストの選び方をご紹介します。

1. コグトレの概要を知りたい

・『教室の困っている発達障害をもつ子どもの理解と認知的アプローチ　非行少年の支援から学ぶ学校支援』（明石書店）……なぜコグトレが必要なのか、具体的な例も入れて解説

・『1日5分！　教室で使えるコグトレ　困っている子どもを支援する認知トレーニング122』（東洋館出版社）……社会面、学習面、身体面の全てのトレーニングが一通り入った入門書

・『マンガコグトレ入門　子どもの認知能力をグングン伸ばす！』（小学館）……コグトレに含まれるほぼ全てのワークの使用法をマンガでわかりやすく解説

2. 学習の土台の力をしっかりつけさせたい

・『コグトレ　みる・きく・想像するための認知機能強化トレーニング』『やさしいコグトレ　認知機能強化トレーニング』『もっとやさしいコグトレ　思考力や社会性の基礎を養う認知機能強化トレーニング』（いずれも三輪書店）……COGETのメインテキスト。難易度順に用意されている

3．社会性をしっかりつけさせたい

・『社会面のコグトレ　認知ソーシャルトレーニング1　段階式感情トレーニング／危険予知トレーニング編』『社会面のコグトレ　認知ソーシャルトレーニング2　対人マナートレーニング／段階式問題解決トレーニング編』（三輪書店）……COGSTの全てが入ったテキスト

4．身体面の支援をしたい

・『不器用な子どもたちへの認知作業トレーニング』（三輪書店）……COGOTのメインテキスト

5．学習しながら認知機能を向上させたい

・『1日5分！　教室で使える漢字コグトレ　小学1〜6年生』『1日5分！　教室でできる漢字コグトレ中学1〜3年生』『1日5分！　教室でできる英語コグトレ　小学校3・4年生、5・6年生』『ひらがなコグトレ』（いずれも東洋館出版社）……漢字や英語、ひらがなを学びながら認知機能を鍛える一石二鳥のテキスト

6．計算力も向上させたい

・『もっとコグトレ　さがし算60初級〜上級』（東洋館出版社）、『小学1〜3年　コグトレ　計算ドリル』（受験研究社）……計算力、注意・集中力の向上を目的としたテキスト

7．子どもが一人でできるテキストが欲しい

・『医者が考案したコグトレ・パズル』『医者が考案したコグトレ・パズル　なぞときアドベンチャー編』（いずれもＳＢクリエイティブ）、『都道府県がスイスイわかる！　るるぶ日本一周コグトレ・パズル』（ＪＴＢパブリッシング）……楽しみながらＣＯＧＥＴが学べる書き込み式パズル

・『お医者さんが考えた　認知機能を育む　えほんコグトレ1～3』（東洋館出版社）……商店街、動物園、遊園地を巡りながら問題にチャレンジ

・『やさしいコグトレ（コグトレドリルシリーズ）』（三輪書店）……ＣＤに収録されている『やさしいコグトレ　認知機能強化トレーニング』の内容が最初から印刷されたドリル

・『自分でできるコグトレ　学校では教えてくれない　困っている子どもを支えるトレーニングシリーズ1～6』（明石書店）……学校を舞台にした物語の中でコグトレが学べるシリーズ

8．コグトレの実践例を参考にしたい

・『コグトレ実践集』（三輪書店）……幼児から高校生、施設、塾などでのさまざまな実践例が入った学会初の編集本

9．保護者向けの本が欲しい

・『不器用な子どもがしあわせになる育て方』（かんき出版）……子どもの理解と具体的な支援を保護者

目線で紹介。ダウンロードできるシート付

10．アプリやカードゲームが欲しい

・「コグトレオンライン」（東京書籍）……COGETが入った学校向け教材。自動採点、集計など集団実施が容易に

・「COGET　コ・ゲット　基礎学習脳力を強化！　遊びながら脳力トレーニング」（東洋館出版社）……3種類のCOGETを取り入れたカードゲームで遊びながら認知機能をUP

・「コグトレ　デジタル　さがし算　初級」（レデックス）……さがし算初級のゲームアプリ

11．大人向けのコグトレが欲しい

・『1日5分で認知機能を鍛える！　大人の漢字コグトレ』（東洋館出版社）……漢字を使いながら認知症予防

・『大人の認知機能強化！　脳が錆びないコグトレ・ノート　日記とパズルで頭の体操』（講談社）……日記を書きながら認知症予防

・『医者が考案した　記憶力をぐんぐん鍛えるパズル　コグトレ』（SBクリエイティブ）、『1日5分、マンガで楽しく　大人の脳強化ドリル　コグトレ』（幻冬舎）……展望記憶に着目し漫画を読み進めながら記憶をトレーニング

宮口幸治［みやぐち・こうじ］

立命館大学産業社会学部・大学院人間科学研究科教授。医学博士、児童精神科医、臨床心理士。京都大学工学部卒業、建設コンサルタント会社勤務ののち、神戸大学医学部医学科卒業。大阪府立精神医療センター、法務省宮川医療少年院、交野女子学院医務課長などを経て2016年より立命館大学教授。困っている子どもたちを教育・医療・心理・福祉の観点で支援する「日本COG-TR学会」を主宰。
著書に、80万部を超えた『ケーキの切れない非行少年たち』『どうしても頑張れない人たち　ケーキの切れない非行少年たち2』『ドキュメント小説　ケーキの切れない非行少年たちのカルテ』（以上、新潮新書）のほか、『コグトレ みる・きく・想像するための認知機能強化トレーニング（三輪書店）』など。

編集協力：浅原孝子

「立方体が描けない子」の学力を伸ばす

PHP新書 1328

二〇二二年十月二十八日　第一版第一刷

著者――宮口幸治
発行者――永田貴之
発行所――株式会社PHP研究所
東京本部――〒135-8137 江東区豊洲5-6-52
ビジネス・教養出版部 ☎03-3520-9615（編集）
普及部 ☎03-3520-9630（販売）
京都本部――〒601-8411 京都市南区西九条北ノ内町11
組版――アイムデザイン株式会社
装幀者――芦澤泰偉＋児崎雅淑
印刷所――大日本印刷株式会社
製本所――東京美術紙工協業組合

ISBN978-4-569-85323-9

PHP新書

PHP INTERFACE
https://www.php.co.jp/

ＰＨＰ新書刊行にあたって

「繁栄を通じて平和と幸福を」（PEACE and HAPPINESS through PROSPERITY）の願いのもと、ＰＨＰ研究所が創設されて今年で五十周年を迎えます。その歩みは、日本人が先の戦争を乗り越え、並々ならぬ努力を続けて、今日の繁栄を築き上げてきた軌跡に重なります。

しかし、平和で豊かな生活を手にした現在、多くの日本人は、自分が何のために生きているのか、どのように生きていきたいのかを、見失いつつあるように思われます。そして、その間にも、日本国内や世界のみならず地球規模での大きな変化が日々生起し、解決すべき問題となって私たちのもとに押し寄せてきます。

このような時代に人生の確かな価値を見出し、生きる喜びに満ちあふれた社会を実現するために、いま何が求められているのでしょうか。それは、先達が培ってきた知恵を紡ぎ直すこと、その上で自分たち一人一人がおかれた現実と進むべき未来について丹念に考えていくこと以外にはありません。

その営みは、単なる知識に終わらない深い思索へ、そしてよく生きるための哲学への旅でもあります。弊所が創設五十周年を迎えましたのを機に、ＰＨＰ新書を創刊し、この新たな旅を読者と共に歩んでいきたいと思っています。多くの読者の共感と支援を心よりお願いいたします。

一九九六年十月

ＰＨＰ研究所